KB251258

나는
시골에서
재미있게
살기로
했다

나는 시골에서 재미있게 살기로 했다

5도 2촌부터 수익화까지
우리가 몰랐던
진짜 로컬을 즐기는 법

김현우,
정태준 지음

시골이 선물하는
경이로운 삶의 기쁨

　한 학년에 반이 딱 하나뿐이던 시골 작은 학교 운동장에서 해가 저물 때까지 뛰어놀고, 논둑길을 따라 자전거를 타며 온 동네를 누비던 소년들이 있었습니다. 밤이 깊어지면 가로등 불빛 아래 옹기종기 모여 내일의 놀이를 약속하던 곳, 그곳이 저희가 나고 자란 작은 시골 마을입니다.

　대학에 다니고 직장생활을 하느라 잠시 잠깐 고향 마을을 떠난 적도 있지만, 저희는 연어처럼 다시 시골 고향으로 돌아왔습니다. 빽빽한 빌딩 숲과 숨 가쁘던 일상에서 벗어나 다시 만난 시골은 어릴 때와 달랐습니다. 그곳에는 화려하진 않지만 마음을 평온하게 하는 고요함이 있었고, 누군가의 기억을 고스란히 품은 오래된 집들이 있었습니다. 어른이 되어 만난 시골은, 숨 가쁘게 지내온 날들을 너른 품으로 안아주는 치유의 공간이었습니다.

저희는 인적 드문 시골길을 걷기 시작했습니다. 호기심으로 시작했던 여정이었는데, 그 길 위에서 예상하지 못했던 아름다운 사람들과 이야기들을 만났습니다. 아름다움을 따라가다 보니, 조금씩 범위가 넓어졌고 이제는 전국 방방곡곡으로 다니며 따뜻한 이야기를 만나고 있습니다.

각자의 사연을 품고서 시골에서 사는 사람들을 만나고, 수백 채의 시골집을 돌아보며 저희는 참 많은 것을 배웠습니다. 몸도 마음도 지친 사람들이 시골에서 활기를 되찾고, 흉물처럼 보이던 시골집이 새로운 주인의 손길을 만나 다시 숨을 쉬고, 그 안에서 눈부신 삶의 서사가 빚어지는 과정은 참 놀라웠습니다.

시골은 사람들에게 인생을 재발견하는 기회를 선물하고 있었습니다. 그곳을 아끼며 가꾼 분들의 꿈을 곁에서 지켜보며, 저희 또한 시골을 대하는 태도가 완전히 바뀌었습니다. 타인의 기준에 맞춘 삶이 아니라, 온전히 자기 자신과 사랑하는 사람들의 시간을 소중하게 여기는 주체적인 삶의 태도를 배울 수 있습니다. 그 이야기들은 저희만 알고 있기에는 너무나 눈부시고 아름다워서 여러분들과 나누고 싶었습니다. 그래서 더 많은 분들이 잃어버린 여유를 되찾고, 진짜 나다운 삶을 살아가는 길 위에 설 수 있기를 바랍니다.

독자 여러분이 이 책을 펼친 이유는 저마다 다를 것입니다. 도시에서 간편한 삶을 누리면서도 시골의 여유를 즐기는 5도 2촌을 꿈꾸는 분도 있을 테고, 언젠가 번잡한 도시를 떠나 나만의 시골집을 갖겠다는 따뜻한 로망을 품고 계신 분도 있을 테며, 주말에 텃밭을 가꾸는 용도를 원하는 분도 계실 테지요. 혹은 휴식이나 워케이션을 위해 시골에 잠시 잠깐 머무르고 싶은 분들도 계실 테고, 당장 빈집을 매입해 리모델링을 앞두고 현실적인 막막함에 부딪힌 분도 계실 겁니다. 아니면 그저 다른 사람들이 시골에서 재미있게 살아가는 이야기를 들여다보고 정성껏 가꾼 공간을 탐색하며 대리만족과 위로를 얻고자 하는 분도 있을 것입니다.

이 책은 그러한 분들을 위한 시골의 이야기와 노하우, 방법과 가능성을 담았습니다. 낭만적인 결과물 이면의 치열한 과정들까지도 가감 없이 담았습니다. 시골에서 경험하는 삶과 시골집에서 살아가는 일은 결코 로망만으로 완성되지 않습니다. 예상치 못한 난관, 현실적인 예산 분배, 복잡한 행정 절차와 조화로운 생활까지 노하우를 알면 시골생활은 더욱 즐거워집니다. 카메라 렌즈 밖에서 벌어지는 날것의 현실과 수많은 시행착오, 그리고 그것을 묵묵히 극복해낸 사람들의 생생한 노하우까지 빼놓지 않고 책에 담았습니다.

저희는 이 책을 통해 여러분이 '시골의 진짜 맛'을 발견하셨으면 좋겠습니다. 처마 끝에 똑똑 떨어지는 빗소리에 귀를 기울이고, 대청마루에 누워 차 한 잔, 수박 한 조각으로 오후의 열기를 식히는 평온함 말이죠. 텃밭에서 갓 딴 채소와 함께 고기를 구워 먹고, 수돗가에서 흙 묻은 손을 씻으며 텃밭에 물을 주는 그 단순한 행위가 얼마나 큰 위로가 되는지 꼭 전하고 싶습니다.

도시를 완전히 떠나야 한다는 강박이나 막대한 비용에 대한 두려움 때문에 망설이지 않아도 괜찮습니다. 적은 비용으로도 얼마든지 시골에서 재미있는 생활을 할 수 있습니다. 이 책을 읽는 동안 여러분이 "아, 나도 저런 삶 한 조각 정도는 가질 수 있겠다"라는 작은 용기를 얻으셨으면 합니다. 내 삶을 스스로 기획해보겠다는 마음과 작은 용기면 충분합니다.

이 책이 여러분의 일상에 새로운 영감을 불어넣고, 로망을 현실로 만들어주는 든든한 안내서가 되기를 바랍니다. 저희와 함께 시골의 진짜 멋과 매력 속으로 함께 떠나보시죠.

김현우, 정태준

차례

제2장 인생이 재미있어지는 생활이 시작된다

제3장 20대부터 60대까지 시골에서 인생을 다시 쓴 사람들

제4장 나에게도 놀이터 같은 시골집이 생겼습니다

제1장

우리에게는 숨 쉴 곳이 필요하다

인생에 필요한 것은
생각보다 많지 않다

도시는 말한다

"지금의 너는 부족하다"

우리는 무엇이든 구매할 수 있는 세상에 살고 있다. 새로운 물건과 서비스, 예쁘고 좋은 것들, 빠르고 편리한 것들은 하루 종일 우리를 현혹한다. 어디를 가도 마주치는 전광판과 미디어와 광고에서는 쉬지 않고 우리에게 속삭인다. 돈을 더 벌어야 한다고, 지금보다 아름답고 예뻐질 수 있다고, 공부를 더 잘할 수 있다고, 더 멋있는 옷차림이 필요하다고, 더 많은 지식을 쌓아야 한다고, 더 발전해야 한다고.

도시는 우리에게 말한다.

“지금의 너는 부족하다.”

‘나의 존재’ 자체로는 불완전하다는 메시지는 우리 스스로를 채찍질하게 만든다. 무엇보다, 있는 그대로의 나를 인정받지 못한 채 계속해서 부족한 상태인 나를 마주한다는 것은 맥이 빠지고 슬프다.

열심히 살아가면서도 무기력을 호소하는 사람이 많은 건 어쩌면 당연한 것일지도 모른다. 마치 구멍 난 항아리처럼 채우고 또 채워도 늘 부족하다는 메시지를 하나하나 마주하며 살아가는 인생은 피곤하다. 매번 무언가 놓치고 있다는 죄책감과 갖고 싶은 것을 가지면서도 더 많이 가진 사람과 비교하는 자신을 마주해야 하기 때문이다.

그러나 시골에서는 도시가 쏟아내는 메시지에 현혹되는 시간이 줄어든다. 도시에서는 필요하면 언제 어디서든 물건을 살 수 있지만 시골에서는 없으면 없는 대로 지내는 법을 익히게 된다.

놀랍게도, 필요하다고 생각했던 대부분은 없어도 괜찮다. 그리고 더욱 놀라운 사실을 발견하게 된다. 우리 자신이 스스로 할 수 있는 것도, 만들 수 있는 것도, 길러낼 수 있는 것도, 고칠 수 있는 것도 너무나도 많다는 사실이다. 내 자신의 능력에 감탄하게 되는 곳이 바로 시골이다.

돈을 내고 구매하는 물건과 서비스가 넘쳐나는 세상에서 우리는 '내 손으로 무언가를 온전히 만들어내는 기쁨'을 잃어버렸다. 시골에서 생활하며 우리는 완전한 소비자의 위치에서 내려와 내 손으로 나를 돌보는 즐거움을 회복할 수 있다.

물건에서 행복을 느끼는 삶에서 벗어나 행동함으로써 경험을 쌓는 즐거움을 택하는 것이다. 그러면 놀라운 내면의 변화가 시작된다. 다른 사람과의 비교를 내려놓고 자기 자신을 좋아하며 자연스럽게 행동하게 된다. 무언가에 쫓기듯 허둥대는 생활을 내려놓고 느긋한 여유를 가질 수 있다.

땀 흘려 일군 밭에서 갓 따온 채소의 향기를 맡을 때, 고장 난 무언가를 스스로 고쳐냈을 때 밀려오는 효능감은 자본이 주는 그 어떤 편리함과도 비교할 수 없다. 나를 먹이고 입히고 돌보는 일을 타인의 손에 맡기지 않고 스스로 해낼 때, 우리는 비로소 어떤 풍파에도 흔들리지 않는 근원적인 자신감을 얻는다.

직접 집을 고치고, 텃밭의 흙을 일궈 식탁 위의 생명을 길러내는 행위는 단순히 생활비를 아끼는 차원의 문제가 아니다. 그것은 무기력해졌던 나의 생존 근육을 다시 깨우는 과정이다.

나의 시간을
온전히 소유하는 '시간 부자'

타인의 시선에서 자유로워진 공간에서 생활의 군더더기를 덜어내면, 역설적으로 시간의 부자가 된다.

다른 사람과 나를 비교하고, 물건을 구매하고, 광고에 현혹되고, 타인의 눈에 내가 어떻게 비칠까 신경 쓰는 데 쓰던 그 엄청난 에너지를 나 자신을 돌보고, 가족과 눈을 맞추고, 평소 꿈꿨던 창작 활동에 온전히 투입할 수 있게 된다. 시골은 쳇바퀴 같은 소비의 굴레에서 벗어날 수 있는 해방구다.

자본주의 사회에서 자신의 시간을 온전히 소유할 수 있다는 것, 그것이야말로 가장 고차원적인 성공이자 사치다.

시골에서 지내보면 자신을 위해 쓰는 시간이 정말로 많아진다. 규칙적으로 생활하게 되고, 낭비를 하지 않게 된다. 느긋하게 시간의 여유를 느끼고, 자연의 변화를 관찰할 수 있다.

편리함 대신 자유를, 속도보다는 깊이를 음미하며 생명의 실체를 깨닫는 삶을 마주할 수 있다. 빌딩 숲을 벗어나 진짜 흙 위에 나의 공간을 만들고, 나를 먹일 작물을 키우고, 끝도 없이 아득한 밤하늘의 별을 마주하는 순간, 우리는 비로소 깨닫게 된다.

인생에서 가장 가치 있는 성취는 사회가 정한 기준에 도달하

는 것이 아니라, 내 삶의 주도권을 완전히 되찾아 나답게 살아가
는 것 그 자체임을 말이다.

소중한 것을 잘하기 위해
여백이 필요하다

인생을 사랑하는 당신에게
5도 2촌을 권하다

도시와 시골을 오가며 5도 2촌을 하고 있거나 시골에서 여가를 즐기는 사람들을 정말 많이 만나며 깨달은 사실이 있다. 그들은 누구보다 자신의 인생을 뜨겁게 사랑하고, 사랑하는 사람들과 보내는 시간을 소중하게 여기는 사람들이라는 것이다.

간혹 시골에서 생활하기를 즐긴다고 말하면 느긋한 사람일 거라 여기기도 한다. 그러나 단 한 번이라도 시골에서 생활을 해보면 깨닫게 된다. 시골은 움직이는 만큼 돌려주고, 내가 한 만큼 보상을 준다. 스마트폰이나 들여다보며 게으르도록 내버려두지 않는 곳이 바로 시골인 것이다.

시골에서 하는 일은 대개 단순하고 반복적이다. 5도 2촌에 매료된 사람들은 바로 이 단순한 행위가 주는 해방감과 자연 속에서의 여유로움을 즐기기 위해 주말마다 시골로 떠나는 것이다. 단순하고 반복적인 행동이 우리 뇌에 일으키는 효과는 놀랍다. 이는 과학적으로도 잘 알려져 있는 사실이다.

일정한 리듬으로 몸을 움직이다 보면 머릿속이 텅 빈 것처럼 맑아지는 경험을 하게 되는데, 그것은 우연이 아니다. 뇌는 강력한 해방감에 이르고 일종의 명상 상태에 돌입한다. 의식적인 자아가 몸의 감각에 몰두하고 있는 사이, 무의식은 작정하고 떠올리려 할 때는 절대 생각나지 않던 아이디어와 해결책의 문을 활짝 연다. 꽉 막혀 있던 머릿속 생각이 그 통로를 통해 자유롭게 흐르기 시작하는 것이다. 몸이 바쁠수록 생각은 자유로워지고, 몸이 힘들수록 정신은 맑아지는 역설적인 평온이 여기서 찾아온다.

도시를 완전히
떠나지 않아도 괜찮다

"시골의 낭만과 여유를 즐기고 싶지만, 직장도 가야 하고 현실적으로 시골로 이사는 어려워요.”

“시골 세컨드 하우스는 돈이 많은 사람들이나 즐기는 거죠.”

“아이들 교육이나 병원 때문에 도시를 떠나기는 어렵지만, 주말마다 아이들과 갈 수 있는 우리 가족만의 시골 공간이 있다면 좋겠어요.”

도시에서 사는 많은 사람들이 시골살이에 대한 로망을 품고 있으면서도 막상 실행하지는 못해 주저하고는 한다. 그러나 도시를 완전히 떠나지 않아도 얼마든지 시골생활을 즐길 수 있다. 또한 돈이 많은 부자가 아니어도 5도 2촌을 즐길 수 있는 시골 세컨드 하우스를 가질 수 있다.

앞으로 이 책에서 구체적으로 살펴보겠지만 소액으로도 시골에 가족만의 공간을 마련할 수 있고, 그렇게 마련한 시골 별장에서 수익을 창출할 수도 있으며, 이것이 어렵다면 월세나 장기 임대를 통한 시골생활도 얼마든지 가능하다.

큰돈 드는 여행 비용 대신
시골 별장을 소유할 수 있다

매년 휴가철마다 막대한 돈을 들여 먼 해외로 떠나는 대신, 그 비용을 모아 시골 별장을 마련해 보는 건 어떨까? 한 번의 여행으로 사라질 돈을 모으면 저렴하게 나온 시골집을 구해 가족의 거점으로 삼을 수 있다. 이는 단순히 부동산을 소유하는 것을 넘어, 자녀와 조카, 손주들까지 대를 이어 추억을 쌓는 공간을 만드는 일이다.

가족만의 별장을 만들 수도 있고, 친구들과 곗돈을 모아서 시골 아지트를 만들 수도 있다. 비용을 모아 함께 공간을 마련하고, 각자 사용하거나 함께 사용할 수도 있는 것이다. 취미생활, 촌캉스, 워케이션, 주말 텃밭, 바비큐 파티, 시골 작은 풀장 등 활용도는 무궁무진하다.

어디를 갈까 고민하지 않아도 되고, 취미생활을 즐길 수도 있고, 머리를 식힐 겸 언제든 가볍게 떠날 수 있다. 호텔 숙박비나 해외여행보다 저렴하게 시골에 나만의, 가족만의, 친구들과의 별장을 마련할 수 있다는 것은 너무나도 매력적이다.

시골은 생각보다 도시 가까이에 있다. 도시에서 그다지 멀지 않은 시골 동네에서는 도시의 인프라를 손쉽게 누리면서도 공기 좋고 마음 편안 시골살이를 만끽할 수 있으니 더욱 좋다.

지속가능한 삶을 위한

고차원적인 자기 관리

우리가 시골에서 생활하는 시간을 갖는 궁극적인 이유는, 사랑하는 삶을 더 사랑하기 위해서다. 내가 하고 있는 일들을 더 잘해내며, 내가 아끼는 사람을 더 많이 아껴주기 위해서다. 모든 것을 자급자족할 것이 아니라면, 우리 중 어느 누구도 자본주의 사회에서 벗어나 살아갈 수가 없다. 숨 가쁘게 돌아가는 자본주의의 현장에서 지치지 않기 위해서는 숨통을 틀 수 있는 공간과 시간이 필수적이다.

자연 곁에서 충분히 쉬고 돌아온 사람은 문제를 바라보는 여유가 다르다. 막혔던 아이디어는 숲길을 걷는 발걸음 사이에서 터져 나오고, 꼬였던 인간관계의 실타래는 유연하게 흐르는 시냇물 곁에서 풀리기도 한다. 시골에서의 쉼은 더 창의적이고 지속 가능한 삶을 위한 가장 고차원적인 자기 관리다.

인생이라는 긴 여정에서 잠시 멈추어 흙의 냄새를 맡는 것은 나약함이 아니다. 오히려 그것은 자기 삶을 진정으로 책임지려는 사람만이 부릴 수 있는 지혜로운 사치다. 시골의 고요함으로 채워진 에너지는 다시 생활 속으로 뛰어들 용기를 주고, 우리가 소중히 여기는 일과 사람들을 더 뜨겁게 사랑할 동력이 된다.

화살을 멀리 쏘기 위해서는 시위를 뒤로 힘껏 당겨야 하고, 높이 뛰기 위해서는 무릎을 깊게 굽혀야 한다. 뜨겁게 달궈진 엔진일수록 충분히 열을 식혀야 하고, 전력 질주한 후에는 천천히 걸으며 숨을 고른 후 휴식하는 시간이 필요하다.

잘 떠날 줄 아는 사람만이, 다시 돌아와 가장 빛나는 성취를 이뤄낼 수 있는 법이다.

우리는
스스로 할 수 있는 것도,
만들 수 있는 것도,
길러낼 수 있는 것도,
고칠 수 있는 것도 너무나도 많다.

나 자신의 능력에
감탄하게 되는 곳이 바로 시골이다.

천연 스트레스 해독제,
몸의 질서를 회복한다

상품이 아닌

자연을 섭취하다

시골에서 단 며칠이라도 생활을 해보면 몸이 먼저 반응을 한다. 도시에서 건강이 별도의 시간을 내어 관리해야 하는 과제였다면, 시골에서는 건강이 일상 속에 자연스럽게 스며든다. 유기농 식단과 신체 활동은 생체 리듬을 회복할 수 있도록 돕는다. 시골에서의 생활은 내 몸을 돌보는 방식을 근본적으로 바꾸는 과정이다.

도시에서 우리가 마주하는 식재료는 대개 긴 유통 과정과 화학적 처리를 거친 상품이다. 유기농이라는 라벨이 일단 붙으면 가격이 비싸지는데, 정작 그 음식이 어떤 흙에서 어떤 햇살을 받고 자라며 어떤 과정을 통하는지는 알 길이 없다.

하지만 시골의 식탁은 다르다. 직접 가꾼 텃밭에서 갓 따온 채소에는 마트의 진열대에서는 결코 만날 수 없는 생명력이 깃들어 있다. 몸에 해로운 약물을 작뜩 주입한 식물이 아닌 땅의 영양분을 온전히 흡수한 식물을 먹을 수 있다.

계절에 따라 제때 자라난 작물을 섭취하며 몸은 자연의 주기와 공명하기 시작한다. 인공 감미료와 가공식품의 자극에서 벗어나 자연이 선사하는 정직한 맛과 가까워질 때, 우리 몸의 소화 기관은 비로소 본연의 기능을 되찾는다.

잠들어 있던
생존 근육을 깨운다

도시에서 살아가는 많은 사람들이 비만, 당뇨, 각종 성인병과의 전쟁을 치룬다. 이러한 질병에 취약한 이유는 대부분 달고 짠 배달음식에 입맛이 길들여져 있고, 편리함에 익숙해져 인스턴트 식품을 너무 많이 소비하는 데 비해서 적게 움직인다는 데 있다.

하루 종일 모니터 앞에 앉아 있다가 퇴근 후 의무감에 헬스장 런닝머신 위를 달리는 것은 보상 심리에 가깝다. 몇 개월짜리 이용료를 끊어 놓고도 바쁘고 피곤하다는 핑계로 실상 한 달에 헬스장에 가는 날은 손에 꼽기 일쑤다.

반면, 시골에서는 자연스럽게 생활 속에서 몸을 움직인다. 시골에 비만한 사람이 적어 보이는 이유는 그들의 일상이 부지런함으로 채워지기 때문이다. 시골의 일상생활에서 자연스럽게 늘어나는 활동은 특정 근육만을 반복해서 사용하는 헬스기구와 달리 온몸의 잔근육을 골고루 깨운다.

일부러 시간을 내어 횟수와 시간을 매순간 체크하며 강박적으로 하는 운동이 아니라, 생활을 위해 몸을 움직이는 과정에서 체지방은 자연스럽게 연소되고 근육은 단단해진다. 시골에서의 활동은 잠들어 있던 생존 근육을 깨운다.

우리가 만난 시골에서 생활하는 분들은 하나같이 꼿꼿한 자세와 잔근육으로 단련된 몸을 지니고 있었다. 그 흔한 중년의 두둑한 뱃살도 없는 분들이었다. 맑은 표정과 탄탄한 몸, 정갈한 마음과 튼튼한 생활근육으로 다져진 분들이라는 것을 한눈에 알 수 있었다.

생체 시계를
재설정하라

도시에서 살아가는 사람의 건강을 해치는 치명적인 원인 중 하나는 무너진 생체 리듬이다. 도시의 인공조명은 밤낮의 경계를 허물고, 멜라토닌 분비를 방해하고 만성 피로를 유발하며, 면역력을 저하시킨다.

시골의 밤은 어둡고 고요하다. 도시에서는 인공 불빛과 소음을 일부러 차단하고 잠을 청해야 하지만, 시골에서는 방해 없이 자연의 소리와 함께 편안하게 잠들 수 있다. 층간소음이나 자동차 경적소리가 아닌, 풀벌레 소리와 바람 소리를 자장가 삼아 잠드는 밤은 도시의 그 어떤 고가 침구로도 살 수 없는 깊은 회복의 시간을 선사한다.

강력한 햇볕 아래서 우리 몸은 호르몬을 충분히 분비한다. 비타민D를 일부러 섭취하는 인위적인 개입과는 비교할 수 없는 자연스러운 건강한 몸의 변화다.

시골에서 꾸준하게 잠을 자본 뒤로 괴롭던 불면증이 완화되었다거나 밤늦게까지 잠들지 못하고 아침에 찌뿌둥하게 일어나는 버릇이 점차 좋아졌다는 분들이 많다. 어긋나 있던 생체 시계가 재설정되었기에 겪는 자연스러운 경험이다.

시골에서 낮과 밤을 보내며 우리 몸을 다시 태양의 시간에 맞출 수 있다. 해가 뜨면 눈을 뜨고, 대지의 활기에 발을 맞추어 몸을 움직이며, 해가 지면 고요한 어둠 속에서 깊은 휴식을 취한다.

천연 스트레스 해독제, 마음이 몸을 낫게 한다

치열한 경쟁과 소음, 타인과의 끊임없는 비교는 몸을 만성적인 염증 상태로 몰아넣는다. 만성 스트레스는 몸을 병들게 한다. 낮 동안에 시골이 선사하는 초록의 풍경은 시각적 편안함을 넘어 뇌의 휴식을 유도한다. 잠이 오지 않을 때 듣는 자연의 풀벌레 소리, 빗소리, 아궁이 장작소리, 모닥불 소리는 신체를 편안하게 만든다.

숲에서 뿜어져 나오는 피톤치드와 흙 속의 미생물들은 실제로 인간의 면역 세포를 활성화하고 신체의 항암 물질 분비를 돕는다는 연구 결과도 잘 알려져 있다.

긴장을 풀고 자연의 일부로 존재할 때, 우리 몸은 비로소 스스로 치유하는 힘을 얻는다. 시골에서의 건강은 내면의 고요가 육체의 강건함으로 이어지는 회복의 과정이다. 그야말로 천연 스트레스 해독제라고 할 수 있다.

건강은 목표가 아니라
삶의 방식이다

시골 생활이 주는 건강의 핵심은 강제된 관리가 아니라 자연스러운 순응에 있다. 건강해지기 위해 애쓰지 않아도, 정직하게 자연의 흐름에 발맞추어 생활하고, 제철 음식을 먹고, 몸을 움직이는 삶 자체가 가장 완벽한 치유이자 처방전이 된다.

우리가 시골에서 만난 정말 많은 분들이 시골에 온 이후로 '건강을 회복했다'라거나 '삶의 활기를 되찾았다'라는 이야기를 입이 닳도록 하신다. 수많은 사람들이 자신의 삶을 통해 증명해 보이고 있다.

도시에서는 건강의 결핍을 메우기 위해 안간힘을 써야 한다면, 시골에서의 건강은 풍요로운 자연에 나를 맡긴 대가로 받는 선물이다. 잘 먹고, 잘 움직이고, 잘 자는 이 단순한 생활을 했을 뿐인데 건강이 선물처럼 주어진다. 바쁜 나날들 속에 잃어버렸던 건강을 되찾음으로써 삶의 마지막 순간까지 나를 지탱해 줄 단단한 신체를 갖출 수 있다.

시골에서는
행동하는 사람이 된다

손으로 생각하고

몸으로 증명하기

　도시의 삶은 우리를 유능한 일꾼으로 만들지만, 동시에 무기력한 구경꾼으로 안주하게 한다. 문제가 발생하면 검색창을 켜고, 전문가를 부르며, 비용을 들여 해결책을 구매한다. 배가 고프면 애플리케이션을 열어 배달을 시키고, 제철요리를 해먹을 수 있는 식재료가 무엇인지 알지 못하며, 걷는 시간보다 앉아 있는 시간이 훨씬 더 많다. 계절의 변화를 즐기지 못하고 에어컨이 있는 곳을 찾아 들어가기 바빠 여름에도 감기에 걸린다.

　내 손으로 나를 먹이는 기쁨, 자연이 들려주는 계절의 변화를 만끽하는 즐거움은 모두 어디로 가버린 걸까?

머릿속에서는 수많은 시뮬레이션이 돌아가지만, 정작 내 손으로 직접 고치거나 도구를 드는 일은 드물다. 생각은 비대해지고 행동은 위축된다.

시골에서의 생활은 도시가 안전과 편리함이라는 이름으로 만들어놓은 장벽의 문을 부수고 나오는 일이다. 자연은 말로 하는 기획이나 화려한 논리에 아무런 관심이 없다. 오직 정직하게 움직이는 몸의 언어에 응답한다.

시골에서의 생활은 우리를 행동하는 사람으로 재탄생시킨다.

'언젠가'를
'지금'으로 바꾼다

도시에서는 많은 일을 미룰 수 있다. 고장 난 전등은 내일 갈아도 되고, 쓰레기는 주말에 몰아서 버려도 일상은 유지된다. 하지만 시골의 시간은 기다려주지 않는다. 비 소식이 들리면 당장 배수로에 문제가 없는지 살펴보아야 하고, 서리가 내리기 전에 작물을 거두어야 한다. 때를 놓친 게으름의 대가는 실질적인 손실로 돌아온다.

이 냉혹하고도 정직한 피드백은 우리 몸에 '즉시 실행'을 일깨운다. "내일 하지 뭐"라며 느긋하게 게으름을 피우는 행동은 자연의 법칙에서는 통하지 않는다. 해야 할 일을 발견하는 순간 즉각적으로 몸을 움직이는 감각, 내일의 계획보다 오늘의 실행을 우선시하는 태도는 시골에서의 생활이 주는 값진 훈련이다.

생각의 늪에 빠져 허우적대던 도시의 현대인은 이 과정을 통해 비로소 지금 이 순간을 행동으로 채워 넣는 법을 배운다.

외주화된 삶을
되찾는다

도시에서 살아가는 사람들은, 자신의 삶을 유지하는 수많은 기능을 타인에게 외주를 준 채 살아간다. 편리하지만 그러한 생활 속에서는 스스로 삶을 지탱할 수 있다는 자신감은 점차 사라진다.

시골에서의 생활은 외주로 주었던 생활의 시스템에서 독립해 나의 삶을 스스로 관리해보겠다는 선언이다. 직접 못을 박고, 콘센트가 작동하지 않으면 차단기를 내리고 뜯어서 교체를 직접 하고, 화장실 배관에 물이 새면 교체할 줄 아는 방법을 터득한다. 처음에는 서투르겠지만, 조금씩 하다 보면 다음번에는 더 능숙하게 대처하는 자신을 만나게 된다.

다른 사람에게 손쉽게 돈을 주고 맡기던 일이 내 손과 발로 향하는 순간, 기적 같은 변화가 일어난다. 작은 일을 스스로 했을 뿐인데, 그토록 작은 행동 하나가 마음에 일으키는 파동은 대단하다. 내 삶의 터전을 내 손으로 직접 고치고 가꿀 수 있다는 감각은 강력한 자기 효능감을 선사한다.

행동하는 사람이 된다는 것은, 더 이상 타인의 서비스 없이는 생존할 수 없는 나약한 존재에서 벗어나 스스로를 돌볼 줄 아는 단단한 개인으로 거듭남을 의미한다.

지식과 경험이 함께해야 진정한 배움이다

중국 속담 중에 '독만권서 행만리로(讀萬卷書 行萬里路)'라는 말이 있다. '만 권의 책을 읽고 만 리의 길을 가라'는 뜻이다. 지식과 경험을 함께 쌓아야 진정한 배움이라는 말이다.

글로 사랑을 배운 사람, 책으로 자연을 아는 사람을 두고 진정 사랑과 자연을 안다고 할 수 있을까? 머리로만 세상을 이해하는 사람은 관념에 휘둘리기 쉽다. 경험과 실천이 있을 때에야 진정한 삶의 지혜로 거듭날 수 있다.

몸을 움직여 일하는 사람은 사물의 본질을 정확히 꿰뚫는다. 나무의 결이 어떻게 흐르는지, 흙이 머금은 물기가 어느 정도일 때 씨앗이 가장 잘 발아하는지, 무거운 돌을 옮길 때 지렛대의 원리가 어떻게 몸에 전달되는지는 오직 행동을 통해서만 얻을 수 있는 살아있는 지식이다.

정직한 노동은 우리를 겸손하게 만든다. 수백 페이지에 걸쳐서 배우는 이론보다 한 번의 행동이 의미를 더 절실히 가르쳐주기 때문이다. 직접 몸을 움직여 얻은 지혜는 잊히지 않는다. 손바닥에 잡힌 굳은살과 욱신거리는 근육의 통증은 내가 오늘 하루를 헛되이 보내지 않았다는, 세상과 정면으로 마주했다는 확실한 증명이다.

싱겁고 투박한
그곳에 본질이 있다

시골에서 행동하는 사람이 된다는 것은, 삶을 관찰하는 자리에서 내려와 직접 행동하는 자리로 옮겨가는 과정이다. 도시는 우리에게 끊임없이 비교하라고 유혹하지만, 시골의 땅은 우리에게 행동으로 실현하라 말한다.

도시에서는 원하는 것은 돈만 있으면 언제든 얻을 수 있다. 예쁘고 화려한 것들이 도처에 널려 있다. 문제라면 너무 많은 물건과 너무 많은 먹을 것이 문제다.

맵고 짜고 단 음식이 아닌, 화려하게 치장된 물건이 아닌, 어딘가 싱겁고 투박하지만 본질을 느낄 수 있을 때 우리의 영혼은 진정한 편안함에 이른다. 계산하고 생각하느라 멈춰 있던 의지는 행동을 통해 생명력을 얻고, 그 생명력은 다시 도시로 돌아가거나 시골에 머무는 그 어떤 순간에도 우리를 지탱하는 가장 강력한 무기가 된다.

행동하는 자만이 달콤한 삶의 열매를 맛볼 자격이 있다는 단순하지만 강력한 진리는 시골이 우리에게 주는 값진 선물이다.

시골을 더 재미있게 즐기는 방법

취향을 기획하는
로컬 브랜딩

시골 투자는
라이프스타일 기획이다

시골은 공간의 잠재력을 발견하고, 그곳에 누가 올 것인지를 상상하며, 지역과 공생하는 방법을 찾아가는 창조적인 사람에게 보물과도 같은 곳이다. 마을의 이야기에 귀를 기울이고, 로컬의 색깔과 브랜딩을 결합하는 감각이 곧 수익률이 된다.

이때 명심해야 할 것은, 수익만 보고 접근해서는 안 된다는 점이다. 로컬의 색깔과 브랜딩이 잘 접목하기 위해서는 그 지역을 잘 알아야 함은 당연하고, 그 속에서의 삶을 상상할 수 있어야 한다.

감성 스테이부터 주말 농장, 워케이션 센터, 농지 위탁, 그리고 북스테이나 시골카페 등 작은 상가까지 지금부터 살펴볼 방법이 관통하는 핵심은 하나다. 시골 투자는 콘텐츠와 결합해야 한다는 것이다.

파격적인 세제 혜택과 원격 근무가 가능한 일상은 시골을 각자의 철학을 심을 수 있는 기회의 도화지로 바꾸어 놓았다. 시골 투자는 이제 단순히 땅을 사두고 막연한 개발을 기다리는 투기가 아니다. 비어있는 공간에 새로운 온기를 불어넣고, 도시의 결핍을 시골의 여유로 메우는 일종의 라이프스타일 기획이다.

"어떤 이야기를 입힐까?"
고민해야 한다

아무도 살지 않는 빈집과 비료 포대가 쌓여있던 낡은 창고가 누군가에게는 철거 대상이지만 누군가에게는 대체 불가능한 브랜드가 된다. 시골 소액 상가 투자는 공간에 정체성을 부여해 부동산의 가치를 끌어올리는 가치 투자다.

풍경이 살아있거나 마을의 정취가 깊은 곳의 작은 창고, 구멍가게 터, 혹은 구옥을 타겟으로 삼는다. 면적이 작으므로 매입 비용이 저렴해 소액 투자가 가능하다. 지자체들은 청년 창업이나 로컬 크리에이터 지원 사업을 통해 이러한 공간의 리모델링 비용을 파격적으로 지원하고 있다.

"여기서 커피를 팔면 장사가 될까?"라는 질문은 낡은 방식이다. 이제는 "이곳에 어떤 이야기를 입힐까?"를 고민해야 한다. 가령, 시골 상가의 경우, 단순히 지역 농산물을 파는 곳이 아닌, 그 지역 색깔을 보여줄 수 있고 시골에서의 경험을 큐레이션하는 공간으로 설계해야 한다. 한쪽에서 로컬 편집숍 기능을 더해 수익 구조를 다변화할 수 있다.

또한 카페의 경우, 지역의 특색 있는 식재료(예: 장성의 사과, 고흥의 유자, 춘천의 감자)를 활용한 시그니처 메뉴를 개발하고 스토리텔링을 해 반드시 그곳에 가야만 먹을 수 있는 이유를 만드는 등 자신만의 확실한 색깔을 부여해야 한다.

가령 낙농업이 활발한 지역에서 유기농 요거트, 유기농 아이스크림, 맛 좋은 우유가 들어간 카페라떼를 개발하고 그에 걸맞은 캐릭터로 스토리텔링을 입혀 일관된 디자인으로 공간을 꾸며 찾아오는 분들에게 맛과 함께 이야기를 선물해야 한다.

직접 운영이 어렵다면, 실력 있는 로컬 크리에이터에게 저렴한 임대료로 공간을 빌려주되, 매출의 일부를 공유하거나 향후 부동산 가치 상승을 도모하는 파트너십 임대 모델을 고려해볼 수 있다. 당신이 만든 작은 카페, 서점, 숙소 앞에 관광객들이 줄을 서기 시작할 때, 그 땅과 건물의 가치는 주변 시세의 몇 배로 뛰어오른다.

빈집을 재탄생시키는 비즈니스, 감성 스테이

저렴한 가격으로 시골집을 매입해 5도 2촌으로 본인이 사용하면서, 본인이 사용하지 않을 때는 시골 감성 스테이로 활용할 수 있다. 시골집이 있으면 비싼 숙박비를 들이지 않아도 머리 식히러 갈 수 있는 곳이 있으니 마음이 든든한 데다, 자신이 쓰지 않을 때는 숙박비를 벌어 지갑이 든든해지니 1석 2조다.

빈집 리모델링을 통한 숙박업은 시골 투자 중 높은 수익성과 경험 만족도를 동시에 선사한다.

지자체가 운영하는 빈집은행 등 사이트를 찾아보거나 블로그, 유튜브 등을 활용해 빈집을 찾을 수 있다(뒤쪽에서 좀 더 상세히 살펴본다). 보물찾기를 하듯 꼼꼼히 파악해야 한다. 풍광이 좋은 장소에 가능한 저렴한 가격에 구입해야 하므로 발품을 많이 팔수록 좋다. 인구 감소 지역의 주택은 '세컨드 홈 특례'를 통해 주택 수 산정에서 제외되는 혜택을 누릴 수 있으므로, 해당 지역인지도 확인해야 한다.

시골 빈집을 활용한 감성 스테이에서 스토리텔링은 단순한 마케팅이 아니다. 고객이 지불하는 비용의 절반 이상을 차지하는 공간의 개연성을 만드는 작업이다. 사람들은 단순히 하룻밤 잠자리를 빌리는 것이 아니라, 누군가의 정성이 깃든 이야기 속으로의 체크인을 원하기 때문이다.

시골의 실리콘밸리, 워케이션

회색 사무실 칸막이 대신 초록빛 능선이 보이는 곳에서 원격으로 미팅을 하고, 업무를 하는 풍경은 이제 일상이 되었다. 직원의 창의성과 복지를 위해 시골의 독립된 공간으로 워크숍을 떠나거나 직원 교육을 하기도 한다. 도심의 복잡함을 피해 숲에서 몰입하는 시간은 창의력과 단결력, 성과를 끌어올리기에 안성맞춤이다.

작은 규모의 회사가 점점 더 늘어나고 있는 만큼, 중소기업이나 소규모 조직을 대상으로 한 워케이션 시장은 더욱 활발해질 것이다. 폐교나 거대한 창고, 혹은 마을의 대형 구옥들은 기업의 위성 오피스로 거듭나기에 충분하다.

규모가 큰 유휴시설을 매입하여 공유 오피스와 숙박이 결합된 하이브리드 공간으로 전환할 수 있다. 이때 지자체의 지방소멸 대응기금을 활용하면 리모델링 비용의 상당 부분을 지원받을 수 있다(지자체마다 지원 혜택이 다르니 꼼꼼히 확인하기 바란다). 스타트업들과 장기 계약을 맺어볼 수도 있다. 개별 여행객을 상대하는 피로도 없이, 기업으로부터 안정적인 월세를 받는 시골 건물주의 꿈을 실현해볼 수 있다.

숨겨진 삶의 가능성을 보는 눈을 가졌다면 시골이 선사하는 기회를 발견할 수 있을 것이다. 당신이 숨을 불어넣기를 기다리는 보물 같은 공간이 시골길 끝에서 당신을 기다리고 있다.

시골 투자는 결국 '누가 이곳에 올 것인가'에 대한 답을 찾아가는 과정이다. 그것이 주말의 휴식을 찾는 가족이든, 영감을 쫓는 개발자든, 혹은 그저 고요함을 찾는 여행자든 상관없다. 중요한 것은 당신이 매입한 그 빈 공간에 어떠한 경험을 채워 넣느냐에 달려 있다.

캠핑, 펜션, 호텔보다 저렴한
5도 2촌을 만끽하자

**'더 가지는 것'이 아닌
'다르게 지내는 것'이 핵심**

도시의 속도에 지친 사람들에게 도시에서 5일 시골에서 2일을 지내는 일명 5도 2촌은 단순한 유행을 넘어 숨을 쉴 수 있는 탈출구가 되었다. 캠핑장비를 마련하여 매주 떠나거나, 주말에 펜션이나 호텔에서 머무르는 비용보다 더 저렴하게 교외 생활을 얼마든지 누릴 수 있다. 금요일 저녁, 회색 빌딩 숲을 빠져나와 짙은 초록의 품으로 향하는 차 안에서 자유를 만끽해보자.

5도 2촌의 핵심은 '더 가지는 것'이 아니라 '다르게 지내는 것'에 있다. 처음부터 도시의 집처럼 모든 가구와 가전, 장비를 완벽하게 갖추려 애쓰지 않는 편이 좋다. 도시의 집에 가구와 가전 등이 갖추어져 있을 것이므로, 오히려 시골집은 조금 부족하고 비어 있을 때 그 진가가 드러난다.

최소한의 짐만 챙겨 한 달간 머물러보자. 비가 오면 빗소리를 듣고, 바람이 불면 바람소리를 들으며 흐르는 대로 몸과 마음을 맡겨보는 것이다. 무엇이 진짜 필요한지는 당신의 몸과 마음이 먼저 신호를 보낼 것이다. 비워진 공간만큼 자연의 소리가 채워질 때, 비로소 당신의 진짜 두 번째 삶이 시작된다.

하지만 낭만적인 풍경 뒤에는 잡초와의 전쟁, 매서운 추위, 그리고 낯선 공동체라는 현실이 기다리고 있다. 서툴게 시작해 상처 받기보다는, 시골이라는 낯선 행성에 연착륙하기 위한 단단한 준비가 필요하다.

결정하기 전
이것만은 알자

처음부터 덜컥 집을 사는 것은 도박에 가깝다. 시골의 매력은 계절마다 얼굴을 바꾸는데, 우리는 대개 꽃이 피는 봄이나 녹음이 우거진 여름의 단면만 보고 결정을 내리기 때문이다.

1. 먼저 살아보고 결정하자

가장 현명한 방법은 농촌에서 살아보기 프로그램으로 몇 개월 지내보거나 전월세를 통해 1년 정도 지내보는 것이다. 지자체마다 다양한 단기간 임대 프로그램을 운영하고 있고, 심지어 시골에 머무를 경우 지원금을 주는 곳도 있다.

월세 1만 원이라는 파격적인 조건을 내거는 지자체도 있다. 나이, 목적(귀촌, 한달 살기 등) 등 개인의 여건에 따라 받을 수 있는 혜택이 다양하므로 꼼꼼하게 알아보고 접근하자. 지자체마다 여건이 다르고 변동이 잦으므로 이 책에서는 자세한 내용을 소개하지는 않는다.

2. 농막이나 농촌체류형 쉼터

6평 남짓한 농막은 진입장벽이 낮아 매력적이다. 하지만 농막은 주거용이 아닌 농기구 보관 및 휴식용 시설이므로, 취사나 숙박에 대한 법적 규제가 까다롭기 때문에, 장기적으로는 등기가 가능한 소형 구옥이나 정식 주택이 유지보수와 자산 가치 측면에서 유리할 수 있다.

농막에서의 생활을 상상해볼 수 있도록 좀 더 알아보자. 농막에 관해서 근래 관련 법규가 상당히 구체화되었다. 연면적 20㎡(약 6평) 이하여야 하고, 데크나 정자 등을 무단으로 확장하면 위반건축물이 된다. 또한 원칙적으로 농막에는 전입신고를 할 수 없다. 특히, 지자체마다 농막에 정화조 설치를 허용하는 기준이 다르므로 꼼꼼히 확인해야 한다. 정화조 설치가 안 되는 지역은 이동식 화장실을 써야 하는데, 이럴 경우 생활의 질이 상당히 떨어질 수 있다. 인근에 상수도 관로가 없다면 지하수를 파야 하는데, 관정 비용(수백만 원)이 발생한다. 전기를 끌어와 쓸 경우, 전신주와의 거리에 따라 인입 비용이 달라진다. 너무 멀면 배보다 배꼽이 더 큰 비용이 나올 수 있다.

무엇보다 농지는 농사가 의무다. 농막은 농지 위에 짓는다. 즉, 농사를 짓지 않으면 농지법 위반이다. 땅을 살 때 농업경영계획서를 제출하여(1,000㎡ 미만 농지의 경우 농지취득자격증명신청서만 제출) 농지취득자격증명서(농취증)을 발급받아야 한다. 주말에만 간다면 손이 많이 가는 작물보다는 고구마, 감자, 들깨, 유실수 등 관리가 쉬운 작물 위주로 농사를 지으면 좋다.

최근 정부에서 농막보다 규제가 완화된 농촌체류형쉼터라는 개념을 도입했다. 연면적 33㎡(약 10평)까지 설치가 가능하고 부속시설(데크, 주차장 등)은 연면적에서 제외되기 때문에 실제 사용할 수 있는 공간은 좀 더 넓다. 기존 농막은 숙박이 엄격히 제한되었으나, 농촌체류형쉼터는 일정 조건을 갖추면 임시 숙박과 취사가 가능하다.

농막이나 농촌체류형쉼터를 고려한다면, 내가 사려는 땅에 어떤 시설이 가능한지 지자체에 꼭 확인해야 한다.

<table>
<tr><td colspan="2" align="center">**농업취득자격증명 발급 조건과 주의사항**</td></tr>
<tr><td colspan="2">· 발급 대상: 농지를 취득하려는 개인이나 농업법인
· 기한 확인: 매매 계약 후 계약일로부터 2개월 이내 취득 신청
· 서류 제출: 농지취득자경증명신청서, 등기부등본 등(관할 기관 확인 필수)
· 거주지와 농지거리가 너무 멀면 발급이 거절될 수 있음
· 취득 후 농사를 짓지 않거나 창고, 주택 용도로 사용하면 농지법 위반
· 농지 연금: 농지를 5년 이상 소유하고 영농 경력이 있으면, 만 60세 이상일 때 농지연금 가입 가능(구체적 조건 확인 필수)</td></tr>
<tr><td>**주말·체험 영농 목적**</td><td>· 면적 제한: 1,000㎡ 미만 (약 302.5평 미만)
· 서류 간소화: 농업경영계획서 의무 면제
· 활용: 주말에 취미로 농사를 짓는 목적</td></tr>
<tr><td>**농업 경영 목적**</td><td>· 면적 제한: 1,000㎡ 이상
· 제출 서류: 농업경영계획서 제출 필수(작물 종류, 노동력 확보 등 구체적으로 명시해야 함)</td></tr>
</table>

3. 보이지 않지만 필수인 기반 시설

풍경에 취해 놓치기 쉬운 것이 수도, 전기, 인터넷 등 기반 시설이다. 상수도가 연결되지 않아 지하수를 파야 하거나, 택배 차량이 들어오기 힘든 오지이거나, 인터넷 설치가 어렵다거나 하는 경우 일상의 안온함은 금세 피로로 바뀌기도 쉽다.

기반 시설이 어느 정도까지 갖추어져 있는지 확인하고, 예산을 따지고, 불편함을 얼마만큼 감수할 것인지 성향에 따라 선택해야 한다.

행정과 세무를
명확히 알아야 한다

아무리 좋은 집이라도 세금 폭탄을 맞는다면 그곳은 더 이상 안식처가 아니다. 적은 돈으로 최대한의 기쁨과 행복을 만끽하는 5도 2촌을 만들어보자. 행정과 세무 지식을 명확히 알고 있어야 나중에 위약금을 물거나 세금을 폭탄으로 맞는 불상사를 피할 수 있다.

1. 1가구 2주택의 덫

도시에 주택을 보유한 상태에서 시골집을 취득할 경우, 양도소득세 비과세 혜택이 사라질 수 있다. 다행히 최근 정부는 인구감소지역 내 주택을 주택 수에서 제외하는 등 완화책을 내놓고 있으니, 매수 전 반드시 최신 세법을 확인해야 한다. 세컨드 홈 특례에 대해 꼼꼼하게 확인하자.

2. 농지법의 엄격함

　앞에서 농막과 농촌체류형쉼터에 대해 언급하였지만, 의외로 농지법을 간과하여 낭패를 보는 분들이 많기에 행정과 관련하여 한 번 더 짚고 넘어간다. 집터에 농지(전, 답)가 포함되어 있는지 반드시 확인하고 농지가 포함되어 있다면 농지취득자격 증명서(농취증)를 발급받아야 하며, 실제로 농사를 지어야 하는 의무가 따른다. 농지는 그곳을 실제로 이용하려는 사람이 아니면 소유하지 못하므로, 이를 증명하기 위해서 발급받아야 한다. 신청 대상으로 농업인 외에도 주말이나 체험영농을 하고자 하는 개인도 포함하고 있으니, 취득하려는 땅이 농지라면 제출서류와 기간, 요건 등을 꼼꼼히 알아본 후 농지 소재를 관활하는 지자체에서 증명서를 발급받도록 하자.

돈을 내고 구매하는 물건과 서비스가
넘쳐나는 세상에서
우리는 '내 손으로 무언가를
온전히 만들어내는 기쁨'을 잃어버렸다.

시골에서 생활하며
우리는 완전한 소비자의 위치에서 내려와
내 손으로 나를 돌보는 즐거움을 회복할 수 있다.

최소한의 지식 ①
살기 좋은 시골집 찾는 법

좋은 집은

부동산 앱 메인에 없다

시골집은 부동산에 올라와 있지 않은 좋은 집이 많다. '손품' 과 '발품'을 얼마나 효율적으로 실행하는지에 따라 좋은 집을 합리적인 가격에 거래할 수 있다고 해도 과언이 아니다. 또한 시골집은 겉으로 보기에는 알 수 없으므로 체크리스트를 통해 꼼꼼히 확인해야 한다. 겉으로 보기에는 멀쩡해 보이지만 실상은 상태가 좋지 않거나, 혹은 반대로 뼈대가 짱짱하고 기초가 잘되어 있는데도 겉으로 보기에는 허물어질 것처럼 보이는 집도 있다.

그러므로, 반드시 알아야 할 최소한의 지식을 다음과 같은 순서로 정리했다. ‘손품팔기 → 발품팔기 → 집 상태 확인하는 법, 체크리스트 → 시골집 고치기 필수 체크리스트 → 살아봐야 아는 시골살이 실전’ 반드시 마주해야 할 최소한의 정보와 체크리스트를 통해 실제로 시골집을 구하기 위한 마중물로 여기고 접근해보자.

〔손품팔기〕
반드시 알아야 할 체크리스트

1. 정보로 무장하자

손품 단계에서는 정보로 무장해야 한다. 좋은 시골집은 가만히 앉아 부동산 앱만 보고 있다고 나타나지 않는다. 도시 아파트나 주택과 다르게, 부동산이나 앱에 올라와 있지 않은 집이 많고 누구나 보는 정보는 빠르게 거래되거나, 하자가 있거나, 가격이 비쌀 확률이 높다.

‘밸류맵’이나 ‘디스코’ 앱으로 주변 실거래가를 확인해 시세에 비해 비싸지는 않은지 확인해야 한다. 가장 강조하는 건 카카오맵의 ‘과거 로드뷰’ 확인이다. 10년 전 기록까지 돌려보며 집이 얼마나 방치됐는지, 주변에 축사나 고압선 같은 혐오시설이 슬그머니 들어오진 않았는지 파악할 수 있다. 특히 주변에 산이 있는 곳이라면 '산사태 위험지도'를 통해 여름철 안전까지 확인했다면 일단 기본은 되었다.

여기서 한 발 더 나아가려면 지역 커뮤니티를 확인해야 한다. 네이버 밴드나 지역 카페에 가입해 두면, 부동산 앱에 올리기 귀찮아하는 어르신들이 직거래로 내놓는 알짜 매물을 낚을 수 있다.

항목	시골집 매물 찾는 방법
현장 발품	이장님, 마을회관, 동네 슈퍼, 동네 부동산, 지역 신문 등에서 고급 정보를 얻을 수 있음.
부동산 플랫폼	네이버 부동산, kb부동산 등 확인.
온비드	한국자산관리공사가 운영하는 공매 사이트. 시골집은 상속 문제나 세금 체납으로 공매/경매에 나오는 경우가 많음.
대법원 경매정보	권리분석만 잘한다면 시세보다 싸게 시골집을 구할 수 있는 방법.
네이버 카페	시골살이 관련 네이버 카페. 개인이 직접 올리는 직거래 매물이 많아 수수료가 없거나 저렴.
유튜브 채널	'시골집 매매' '시골집 급매' 등으로 검색하면 상세 정보 확인 가능.
각 지자체 홈페이지	각 군청 홈페이지 공지사항, 빈집 정보 게시판, 직접 문의 등으로 확인.
귀농귀촌 종합센터	전국 단위의 농가주택 매물과 빈집 정보 제공.

2. 땅의 용도를 알자

시골에서 생활을 하기 위해서는 지목에 대해 알아야 한다. 땅마다 용도가 있다. 지목(地目)이란 필지의 목적에 따라 분류해놓은 것으로, 지번 앞에 붙어서 행정상 분류한다. 우리나라에는 28개의 지목이 있다. 그 가운데 시골집과 관련하여서는 대표적으로 전(밭), 답(논), 대지(집터)에 대해 알아야 한다.

대지란 집을 지을 수 있도록 지정된 땅이다. 주거지나 상업지 등으로 사용할 수 있다. 전(밭)은 채소나 곡물 등 작물을 재배하는 밭으로 사용하는 땅을 의미하고, 답(논)은 벼 등 수경 작물을 재배하는 땅이다.

이 중 주택 건축이 법적으로 허용되어 있고 별도의 절차 없이 건축 설계를 진행할 수 있고 거주할 수 있는 땅은 대지다. 전이나 답은 용도를 함부로 변경할 수 없으므로, 이 땅에서 집을 지으려고 하면 농지전용허가를 받아야 한다(농지전용허가에 대해 앞에서 살펴보았다).

컨테이너를 주거 목적이 아닌 농막(농기구 보관, 휴식 공간)으로 사용한다면 비교적 절차가 간단하다. 연면적 20㎡(약 6평) 이하인 공간에 주거 목적이 아니어야 하며, 별도의 허가 대신 해당 지자체에 가설건축물 축조 신고를 해야 한다.

3. 위반건축물은 아닌가

겉으로 보기에는 멀쩡해 보이지만, 위반건축물일 수도 있다. 건축법이나 관련 법규를 위반하여 허가받지 않은 변경이 일어났음을 지자체가 확인했을 경우, 건축물대장에 노란색으로 '위반건축물' 표시가 되어 있다.

가장 흔하게 건축물대장에 위반건축물로 기재되는 사항은 다음과 같다. 무단 증축(옥탑방을 만들거나, 1층 주차장에 벽을 세워 상가로 쓰거나, 테라스에 지붕을 씌워 실내 공간으로 확장한 경우 등), 무단 용도변경(근린생활시설상가로 허가받은 곳을 주거용으로 개조해 사용하는 경우 등), 가설건축물 미신고(신고 기간이 만료된 컨테이너나 농막을 그대로 두거나, 신고 없이 천막·컨테이너 등을 설치한 경우 등), 가구 수 쪼개기(다가구 주택 내부에 임의로 벽을 세워 방 개수를 늘려 임대 수익을 높인 경우 등)다.

위반건축물일 경우 원상복구할 때까지 매년 반복해서 벌금(이행강제금)이 부과되고, 전세자금대출이나 주택담보대출이 거절될 가능성이 매우 높으며, 해당 건물에서 새로운 영업 허가(음식점, 학원 등)를 받거나 명의 변경을 하는 것이 금지되고, 대출이 안 되며 불법 요소가 있으니 당연히 집값이 떨어지거나 팔리지 않는 매매의 어려움이 있다.

4. 도로, 배수로, 전기 등 생활기반시설 확인

건축 허가의 핵심은 '길'과 '물'이다. 소방차가 들어올 수 있는 도로(폭 4m 이상)에 내 땅이 접해 있는지, 집에서 나오는 오수가 빠져나갈 배수로가 확보되어 있는지를 살피는 것은 기초 중의 기초다. 생명선과도 같은 이 길이 확보되지 않은 땅은 흔히 말하는 맹지(盲地)다.

전기를 끌어오고 수도를 연결하는 일은 도시에서는 숨 쉬듯 당연한 일이지만 시골에서는 적지 않은 비용이 든다. 기존 인프라에서 멀어질수록 그 거리만큼 비용이 많이 든다. 인터넷 설치 불가 지역일 수도 있으니, 그런 경우 인터넷망을 연결할 방법을 강구하여야 한다.

5. 체크리스트

시골집을 볼 때 최소한 아래의 사항을 반드시 체크하자.

항목	시골집을 찾을 때 확인해야 할 체크리스트
토지이용계획확인서 **(맹지 판독)**	지적도상 내 땅이 도로와 접했는지 확인. 집앞에 난 길이라도 남의 마당일 수 있음. 사유지라면 '토지사용승낙서' 필수.
건축물대장 **(불법 판독)**	건축물대장 오른쪽에 노란색으로 '위반건축물' 마크가 표시되어 있는지 확인. 대장 면적보다 실물이 크면 무단 증축 의심.
디지털 도구 활용	디스코·밸류맵으로 주변 실거래가 조회.

로드뷰 타임머신	10년간의 변화 확인(축사·고압선 등 혐오시설 추적).
도로, 배수로, 전기 등 인프라	도로에 접해 있는지 배수로, 전기가 확보되어 있는지 확인.
생활안전지도 확인	산사태 등 재해 위험 지역 사전 차단.

시골집을 상업적으로 활용하려면 확인해야 할 것들이 더 있다.

항목	시골집 상업적 활용을 위한 체크리스트
용도 변경 가능성	주택을 카페나 에어비앤비로 바꾸고 싶다면 하수처리구역 여부와 정화조 용량 확인 필수(기준 미달 시 용도 변경 불가).
도로 폭 규정	상업 시설로 허가를 받으려면 도로 폭이 일정 기준(보통 4m 이상)을 충족해야 하는 경우가 많음.

〔발품팔기〕

시골집은 현장에 답이 있다

시골집에서 발품팔기는 좋은 집을 구하는 핵심이라고 할 수 있다. 유튜브, 블로그, 부동산 앱에 올라와 있지 않은 매물 정보를 알 수 있을 뿐만 아니라, 앱을 통해 살펴본 시골집의 실제 상태를 알아보는 데도 부지런히 발품을 팔아야 한다. 규격화된 아파트와는 차원이 다르기 때문이다.

현장에 가면 무작정 부동산부터 가지 말고 마을회관부터 가서 정보를 확인하는 것을 추천한다. 부동산 광고에는 절대 안 나오는 '그 집은 비만 오면 물이 찬다'거나 '옆집과 사이가 안 좋다' 같은 진짜 정보를 얻을 수 있기 때문이다. 오후 2시에서 4시 사이, 박카스 한 박스 들고 이장님을 찾아가보자. 이때 '외지인이 집 보러 왔다'는 느낌보다 '여기 살고 싶어 공부하러 왔다'는 태도를 보여주는 것이 좋다. 농번기에 가면 아무도 없을 수 있으니 참고하고 찾아가자.

부동산을 찾아 갔을 때 구체적인 질문을 해야 한다. 단순히 "얼마예요?"라고 묻지 말고, "이 집, 왜 매물로 나왔나요?"(급매인지, 하자가 있는 집인지 파악), "진입로가 사유지인가요, 국유지인가요?"(도로 분쟁 여부 파악), "동네에 새로 들어온 외지인 분들이 좀 계신가요?"(텃세 분위기 간접 파악) 등 집의 이력과 동네의 분위기, 집 주변 인프라 정보 등을 구체적으로 물어보자. 공부한 티를 낼수록 부동산 소장은 더 정직한 정보를 줄 수밖에 없다.

자연 가까이 지내본 사람은
인생의 문제를 바라보는 여유가 다르다.

시골의 고요함으로 채워진 에너지는
다시 생활 속으로 뛰어들 용기를 주고,
우리가 소중히 여기는 일과 사람들을
더 뜨겁게 사랑할 동력이 된다.

최소한의 지식 ②
겉모습에 속지 않는 법

시골집은 겉모습만으로

판단하기 어렵다

시골집은 겉으로는 멀쩡해 보여도 속으로는 하자가 있을 수 있고, 겉으로는 당장 허물어질 것처럼 보여도 기초가 짱짱하고 뼈대가 튼튼한 집도 있다. 오래도록 집을 지탱해온 뼈대는 거짓말을 하지 않지 않는다.

제대로 점검하면 수천만 원의 매몰 비용을 막을 수 있는 체크리스트를 정리했다.

리모델링이
가능한 집인가?

1. 법적으로 고칠 수 있는 집인가

계약 전 등기부등본은 기본으로 확인을 하겠지만, 이때 특히 시골집은 문중 땅이나 공동명의가 많아 복잡할 수 있으므로 좀 더 꼼꼼히 확인해야 한다.

건축물대장과 지적도를 꼭 확인해야 한다. 건축물대장 우측 상단에 노란색 위반건축물 마크가 있다면 대출도 안 나오고 이행 강제금을 물어야 할 수도 있다(앞 쪽에서 다루었으니 확인할 것).

특히 지적도상 내 집이 남의 땅을 밟고 있는 경계 침범 상태라면, 나중에 공사 중에 옆집과 법적 분쟁이 생겨 집 일부를 잘라내야 하는 불상사가 생긴다. 카페나 숙박업을 꿈꾼다면 용도 변경이 가능한 구역인지, 정화조 용량이 충분한지도 지자체에 미리 확인해야 한다.

항목	'고칠 수 있는 집인가' 체크리스트
공사 차량 진입로	2.5톤 트럭이나 포크레인이 마당까지 들어올 수 있는가? (폭 3m 미만 도로는 장비 진입 불가로 인건비 2배 상승)
자재 적재 공간	마당에 자재를 쌓아둘 공간이 있는가? (도로변에 쌓아야 한다면 민원 발생 및 도난 위험 발생)

차량 주차 공간	공사 시 내 차뿐만 아니라 기술자들의 차량(최소 2~3대)이 마을 통행을 방해하지 않고 주차할 수 있는가?
전기 및 용수	리모델링 공사 중 사용할 임시 전기와 물이 바로 공급되는가?
경계 침범 확인	위성사진과 지적도를 대조했을 때, 내 집 일부가 남의 땅에 걸쳐 있는지 않은가? (나중에 철거 소송이나 보상금 문제가 생길 수 있음)
불법 건축물 정리	대장에 없는 무허가 건물이 있지는 않은가? (원칙적으로 수리 허가가 나지 않음)
용도 지역 확인	농림지역이나 보전관리구역은 아닌가? (카페, 근린생활시설 등 상업용 전환이 아예 불가능한 땅일 수 있음)

2. 마당의 구배와 인입 시설을 확인

마당의 경사가 집 쪽으로 낮아진다면 비가 올 때마다 물이 집 쪽으로 흘러 곰팡이와 부식의 주범이 된다. 또한 상수도가 들어오는지 아니면 지하수인지, 난방은 도시가스인지 LPG인지에 따라 한 달 유지비가 수십만 원씩 차이 난다.

공사 차량이 들어올 수 있는 길이 확보되어 있는지 여부는 집을 고치는 데 필수 확인 사항이다. 2.5톤 트럭이나 포크레인이 마당까지 못 들어오는 좁은 길이라면, 인건비가 단순히 오르는 수준이 아니라 두 배, 세 배로 뛴다. 기계가 5분이면 할 일을 사람이 온종일 해야 하기 때문이다.

항목	돈이 크게 드는 3가지 요소
석면 슬레이트 지붕	1급 발암물질. 지자체 지원금이 없으면 철거·처리비만 수백만 원. 덧씌우기를 하지 말 것.
상수도 인입 여부	마을 상수도인지 개인 지하수인지 확인. 지하수라면 수질 검사 필수.
정화조 위치와 용량	화장실을 실내로 들일 때 정화조 용량이 부족하면 땅을 다시 파야 함.

집의 내부와 외부를
정밀 수색해야 한다

가장 간단하게 집 상태를 확인하는 방법은 외부에서 벽을 살피는 것이다. 멀쩡해 보여도, 대각선으로 갈라진 사선 균열이 보인다면 기초가 무너지는 중이니 피해야 한다. 지붕 기와선이 울퉁불퉁한 것도 지붕의 엄청난 하중(기와, 흙, 서까래 위의 산자 등)을 받치고 중심 역할을 하는 서까래가 썩어 내려앉는다는 신호다.

내부로 들어가면 서까래를 주의 깊게 살펴야 한다. 주방이나 방 천장에 조그맣게 열리는 구멍이 있다면 머리를 넣어 서까래 결을 휴대전화 손전등 기능으로 비춰보자. 서까래가 아래로 휘어 있거나, 특정 부위가 꺾여 있다면 지붕 전체의 균형이 깨진 상태이므로, 이 상태에서 내부 벽을 허물거나 구조를 변경하면 집 전체가 내려앉을 수도 있다. 보강 공사비는 일반 수리비의 몇 배로 뛴다.

검은색 곰팡이나 물 얼룩이 있다면 지붕 어디선가 물이 샌다는 증거다. 겉만 닦는다고 해결될 게 아니라 지붕 전체(방수, 기와 교체)를 새로 해야 할 가능성이 크다. 서까래를 손가락이나 송곳으로 찔러봤을 때 푹 들어간다면 속이 비어있는 증거다. 겉은 멀쩡해 보여도 속이 가루가 된 서까래는 지지력을 상실한 상태다.

항목	외부 점검 체크리스트
벽체 상태	벽에 사선으로 간 크랙(금)이 있는지 확인. 사선 금은 기초가 내려앉는 부동침하 신호라 매우 위험.
기와 상태	기와가 일렬로 고르지 않고 울퉁불퉁하다면 내부 서까래가 썩어서 주저앉고 있다는 증거.
기초(기단)	집 바닥면과 지면이 너무 가깝지 않은지 확인. 습기가 바로 올라와 곰팡이와 부식의 주범이 됨.
마당 구배(경사)	비가 왔을 때 물이 집 바닥으로 고이는지, 바깥으로 잘 빠지는지 확인(구배가 집 쪽으로 잡혀 있으면 장마철에 방 안까지 습기가 차고 기초가 썩음).
배수로 상태	집 주변 배수로가 이웃 땅을 거치지 않고 공용 배수로로 잘 연결되어 있는지 확인.

항목	내부 점검 체크리스트
기둥과 서까래	하단부가 썩었거나 흰개미 흔적이 있는지 확인(집이 무너지고 있다는 신호).
보일러 및 배관	연식 확인 및 동파 흔적 체크. 시골은 수리 기사 부르기도 힘듦.

천장 까보기	가능하다면 점검구를 열거나 천장지를 살짝 들춰서 상량문과 서까래 상태 확인. 비가 샌 흔적(얼룩)이나 흰개미 가루가 있다면 수리비가 많이 듦.
바닥 수평	구슬이나 생수병을 내려놓아 굴러가는지 확인. 바닥 수평이 안 맞으면 목공 공사비가 배로 들어감.
벽면 습기	장판 밑이나 벽지 구석에 곰팡이가 아닌 축축한 습기가 있다면 배관 누수나 외벽 방수 문제.

특히 큰돈이 드는 부분은 확실하게 체크해두어야 한다.

항목	돈이 크게 드는 인입 시설 체크리스트
상수도	광역 상수도가 들어와 있는지, 개인 지하수인지 확인(지하수라면 수질 검사 비용 및 모터 관리비 발생).
가스	도시가스 인입 여부(대부분의 시골은 LPG 통이나 벌크를 사용하므로 난방비 예산 설계가 달라짐).
전기	계량기가 살아있는지, 용량이 부족해 승압 공사가 필요한지 확인.

최소한의 지식 ③
시골집 고치기 필수 체크리스트

시골집 고치기

선택의 연속

예쁘게 고친 시골집은 참 아름답다. 그리고 예쁜 집을 얻기까지 과정은 선택과 책임의 연속이다. 비용을 아끼고 공사를 성공으로 이끌 실전 전략을 정리했다.

1. '견적 + 30%'의 예비비를 확보하라

시골집은 뜯어보기 전엔 아무도 모른다. 여기저기 놓인 전 주인의 가구 등 쓰레기 처리비부터, 벽 속에 숨겨진 썩은 기둥 보강비까지 별의별 변수가 다 있다. 특히 가전제품을 많이 쓰거나, 승압 공사비와 한전 분담금도 꼭 예산에 넣어야 한다. 보통 평당 단가로 예산을 잡지만, 실제 집을 수리하다 보면 예상치 못한 비용이 쏟아져 나온다. 예비비 없이 시작했다가는 집을 고치는 중간에 기존 계획대로 진행하지 못하게 되는 등 어려움을 맞이할 수도 있다.

2. '내가 할 일'과 '전문가의 일'을 구분하자

셀프로 할 수 있는 영역이 있고, 전문가에게 맡겨야 효율적인 일도 있다. 기초적인 지식이나 공부 없이 모든 것을 셀프로 하기는 어렵다.

전문가 영역은 대체로 전기, 설비(배관), 지붕(방수), 구조 보강(기둥) 등에 해당한다. 이런 부분은 함부로 건드리면 큰일이 나는 수가 있다. 돈을 아끼려다가 물이 새거나, 전기 사고가 나는 등 돌이키기 힘든 어려움에 봉착할 수도 있으니 가급적 전문가에게 맡기는 편이 낫다.

시간만 많으면 할 수 있는 노동이라면 셀프로 하는 것이 좋다. 비용도 아끼고 추후에 집을 스스로 관리하는 데 기초적인 지식이 되기도 하므로 유용하다. 기존 마감재(벽지, 타일, 바닥재 등) 철거, 페인트 도장, 간단한 조경, 폐기물 정리 등은 셀프로 시도해보자.

3. 종합건설인가, 직영인가

연면적 200㎡(약 60평) 이상의 집은 반드시 면허를 가진 건설사가 지어야 한다. 그보다 작은 집은 건축주가 직접 인부를 고용하는 직영 공사가 가능하지만, 현장을 관리할 전문 지식이 없다면 오히려 비용이 초과되고 책임 소재가 불분명해지는 늪에 빠질 수 있다.

4. 기술자, 반장님들과의 의견 조율

기술자들과의 조율은 쉽지 않다. '그거 안 돼''하자가 생겨서 안 해줘''원래 하던 대로 해야 안전하다'라고 거절할 때가 많을 텐데, 거절한다고 해서 단념하면 원하는 집을 얻을 수 없다. 기술자들의 거절은 하자 발생에 대한 염려, 수고로움이 많은 작업 공정 등의 이유 때문이다.

그럴 땐 소통의 기술이 필요하다.

항목	작업이 원활한 소통의 기술
간섭과 요구 구별	간섭과 요구를 구별할 것. 작업 중일 때 뒤에서 사사건건 간섭해서도 안 되지만, 필요한 요구를 하지 못하고 침묵해서도 안 됨.
작업 전 참조 사진과 도면 제시	아침 작업 시작 전, 원하는 결과물 사진을 보여주며 확답을 받을 것.
체크포인트 설정	"이거 덮기(마감) 전에 제가 한 번만 볼게요"라고 미리 선언할 것. 배관이나 단열재를 덮기 전에 제대로 확인하지 않으면 나중에 다 뜯어내야 할 수도 있음.
간식 타임 피드백	작업 중 수정사항이 보이면 즉시 지적하지 말고, 커피 한 잔 대접하며 자연스럽게 말을 꺼낼 것.

5. 공사가 진행될 때 체크리스트

공사가 일단 시작되면 정신 없이 돌아간다. 계획을 아무리 꼼꼼했다고 하더라도, 공사현장에서 집주인이 소홀히하게 되면 모든 계획이 수포로 돌아간다. 바쁘더라도 자재가 들어오는 날은 무조건 현장에 가서 직접 확인하자. 그리고 하루 작업이 끝나면 늦더라도 가서 검수를 해야 한다.

여기서 꿀팁은 직접 현장 청소를 하는 것이다. 주인이 매일 저녁 현장을 깨끗하게 치우고 자재를 정돈해두면, 다음 날 출근한 기술자들은 '아, 이 주인이 집을 정말 아끼는구나'라고 본능적으로 느끼게 된다. 정돈된 현장에서는 기술자도 마감 하나를 더 신경 써서 할 수밖에 없다. 반드시 챙겨야 할 체크리스트를 알아두자.

항목	공사가 진행될 때 체크리스트
자재 입고일 사수	타일, 도기, 싱크대 등 주요 자재가 들어오는 날은 무조건 현장을 지킬 것. 주문한 모델이 맞는지, 파손은 없는지 기술자가 박스를 뜯기 전에 확인.
퇴근 직후 검수	일과가 끝난 후, 작업자들이 퇴근하고 난 조용한 현장을 꼼꼼히 살필 것. 작업 중에는 보이지 않던 디테일, 수평, 마감 불량 등 체크.
아침 브리핑	전날 확인한 수정 사항은 다음 날 아침 작업 시작 전에 브리핑. "이미 다 해놨는데 이제 와서 바꾸냐"는 소리가 나오지 않게 골든타임을 지킬 것.
매일의 기록	오늘 들어간 자재, 진행된 공정, 발생한 이슈를 사진과 메모로 남길 것. 공사일지가 나중에 정산과 하자 보수의 근거가 됨.
현장 청소	작업이 끝난 뒤 건축주가 직접 현장의 폐기물을 정리하는 등 청소할 것. 깨끗해진 현장이 집주인의 애정을 보여줌.

| 정성을 보여라 | 감시보다 무서운 건 건축주의 정성. 정돈된 현장에서는 기술자도 담배꽁초 하나 함부로 버리지 못하고, 마감 하나라도 더 신경 쓰게 됨. |
| 안전과 효율 | 매일 저녁 현장을 비우는 청소가 안전과 효율에 이르는 최고의 방법. |

최소한의 지식 ④
시골살이 실전

직접 살아보기 전에는
알기 어려운 이야기

시골에서 살아가는 일은 끊임없이 나를 마주하는 일이다. 내가 어떤 풍경에 감동하는지, 나에게 필요한 면적은 얼마인지, 타인과의 거리를 어느 정도로 유지할 때 편안한지를 스스로 묻고 답해야 한다.

시골에서 살아보기로 결심을 했다면, 처음부터 완벽한 생활을 하겠다는 욕심을 조금 내려놓을 필요도 있다. 우리가 만난 사람들도 '살아 가면서 필요한 것은 수정하면서 살아간다'라는 분들이 대부분이었다.

하지만 낭만적인 상상력만으로 덤벼들기에 시골에서의 생활은 꽤나 거칠고 현실적인 부분이 있다. 현실 시골생활에서 반드시 마주해야 할 시골에서 직접 살아보기 전에는 알기 어려운 최소한의 정보들을 정리했다.

〔노동〕

여름 잡초주의, 겨울 동파주의

시골은 5월부터 9월까지 일주일만 방치해도 마당이 정글이 된다. 작은 마당은 손으로 정리해도 되지만, 예초기 사용법을 알아두면 두고두고 유용하다.

똑똑하게 방어선을 구축하는 지혜도 필요하다. 마당 전체를 잔디로 깔겠다는 욕심을 버리고, 제초 매트나 파쇄석을 활용해 내가 관리할 수 있는 영역만 남겨두는 게 쉽고 재미있게 시골살이를 하는 비결이다.

겨울에는 동파 방지에 유의해야 한다. 영하 10도 아래로 떨어지면 수도를 미세하게 틀어두거나, 외부 급수라인에 열선을 감아두거나, 퇴수 밸브를 설치해 배관 안의 물을 빼는 등 시골식 겨울나기에 익숙해져야 한다. 겨울 동파 한 번에 공든 탑이 무너질 수 있다.

〔벌레〕
도감에서나 보던 벌레들과의 동거

도시의 벌레와 시골의 벌레는 차원이 다르다. 도시에서 마주치는 벌레가 어쩌다 만나는 불청객 정도라면 시골에서 만나는 벌레는 거대한 자연 그 자체라고 볼 수 있다. 밤의 불빛에 모이고, 습기가 많은 화장실 및 오래된 문 틈에서 출몰하고, 여름에는 청바지도 뚫는 독하고 거대한 모기도 있다.

이미 들어온 벌레를 잡는 데 애쓰기보다는 안 들어오도록 샷시(창호) 틈새를 막는 풍지판을 설치하고, 방충망으로 막는 편이 훨씬 효과적이다. 출입구, 창문뿐만 아니라 물구멍까지 방충망으로 꼼꼼히 막아야 한다. 여기에 정기적인 전문 방역 서비스까지 갖춘다면 마음이 든든하다.

〔택배/배달〕
편리함보다 움직임을 택하라

슬리퍼 신고 나가는 편의점은 시골에 없다. 시골 오지의 경우에는 차 타고 15분은 나가야 면소재지 편의점이 나온다. 그마저도 저녁 7~8시면 문을 닫는 경우가 많다. 필요한 것을 바로바로 살 수 있지는 않으니 미리 비축해두는 삶을 살게 된다.

배달 음식도 오지 않거나, 짜장면 한 그릇 시키는 데 배달료가 음식값만큼 나오기도 한다. 편리함은 누리지 못하겠지만, 요리 실력이 늘고 배달야식을 먹지 못하므로 건강해질 수 있다.

도시에서는 집 대문 바로 앞까지 택배가 오는 일이 당연하지만, 시골에서는 그렇지 않다. "마을회관 앞에 두고 갈게요"라는 문자에 익숙해져야 한다.

〔관계〕

텃세인가, 관심인가? 이웃과 적당한 거리두기

이웃과의 관계는 적당한 거리가 핵심이다. 도시에서 살거나 시골에서 살거나 이웃과의 적당한 거리두기는 어디에서나 마찬가지이겠지만, 시골에서는 사생활을 너무 오픈하면 사사건건 간섭이 들어오거나 너무 닫으면 오해를 살 수 있으므로, 너무 가깝지도 너무 멀지도 않은 미지근한 관계를 유지하면 좋다.

처음엔 어르신들의 관심이 텃세처럼 느껴질 수 있다. 하지만 먼저 인사하고 마을 청소날 얼굴 한 번 비추면, 그분들은 여러분의 집을 지켜주는 든든한 이웃이 된다.

무엇보다 처음 만나는 이웃에 대한 기본적인 예의로 이사 온 날 떡을 돌리며 인사를 나누자. "동네 어르신들께 배우러 왔다"는 겸손한 태도를 갖추어야 한다. 오랜 시간 한곳에서 살아가고 있는 어르신에게 새로온 이웃이 어떻게 받아들여질지 역지사지로 생각해보는 지혜도 가져야 한다. 때로는 '내가 왜?'라고 불평하기보다 '내가 먼저'라고 솔선수범하는 태도도 필요하다.

마을 공동 작업(청소 등)과 마을회의에도 가급적 참여하여 마을 정보도 얻고 이웃과의 얼굴도 트며 즐거운 시골생활을 해보자.

나만의 별장에서
수익까지 창출한다

주말에는 나만의 별장

내가 안 쓸 때는 수익 창출

주중에는 도시에서 생활하다가 시골에서 주말을 지내는 5도 2촌을 꿈꾸는 분들이 많다. 시골에서 주말마다 가족과 친구와의 시간을 즐기며 여가생활을 하고 텃밭도 가꾸는가 하면, 잠시 도망갈 수 있는 아지트가 되기도 하니 너무나 좋다. 그런데 그 집에서 수익까지 낼 수 있다면?

시골집에서 지내지 않는 날에 빈집으로 두지 않고 스테이 사업을 해볼 수 있다. 나만의 별장에서 수익도 창출할 수 있다니 이보다 달콤한 공간이 어디에 있을까?

스테이로 활용하기 위해서는 고객에게 매력적으로 어필할 스토리텔링 전략이 필요하다. 나의 주말이 귀한 시간인만큼 다른 사람의 주말도 귀하므로, 나의 공간을 찾아주는 분들을 성심성의껏 초대하고 모신다는 마음으로 스토리를 입혀보자.

스토리텔링은 단순한 마케팅이 아니다. 고객이 지불하는 비용의 절반 이상을 차지하는 공간의 개연성을 만드는 작업이다. 사람들은 단순히 하룻밤 잠자리를 빌리는 것이 아니라, 누군가의 정성이 깃든 이야기 속으로 스며들기를 원하기 때문이다.

1. 집의 역사를 활용하라

빈집에는 저마다의 이야기가 있다. 수십 년간 할머니가 매일 아침 마루를 닦던 집일 수도 있고, 대대로 농기구를 보관하던 창고였을 수도 있다. 이 과거를 지우지 말고 집의 유산으로 활용해야 한다. 리모델링 과정에서 나온 낡은 문틀, 서까래, 혹은 마당에 버려진 장독대를 폐자재로 버리지 말고 인테리어 오브제로 재탄생시켜보자.

2. 옛것에 현대적 편리함을 입히자

낡은 빈집에 세련된 감각이 더해지는 과정, 즉 과거의 기억과 현대의 편리함의 만남을 보여주어야 한다. 한옥의 고즈넉함은 살리되, 단열과 조망에 철저하게 신경을 써야 한다. 특히 인테리어를 할 때 주방과 화장실의 편리함에 각별히 신경을 쓰자. 한옥에서 단점이라고 말해지는 것들이 철저하게 장점으로 승화될 수 있도록 해야 한다.

3. 마을의 일상을 경험하게 하자

고객은 담장 안의 예쁜 방에만 갇혀 있고 싶어 하지 않는다. 잠시 그 동네 사람이 되는 경험을 구매한다. 숙소 주변의 작은 풍경들을 스토리텔링의 영역으로 끌어들여야 한다. 마을 산책 지도, 이웃집 할머니가 키운 채소로 차린 조식, 동네 작은 슈퍼의 정겨운 풍경 등을 콘텐츠화한다.

4. 비움이라는 경험을 설계하라

감성 스테이의 핵심은 '무엇을 할 것인가'가 아니라 '어떻게 쉴 것인가'에 있다. 고객이 이곳에서 어떤 감정을 느끼길 바라는지 구체적으로 제안해야 한다. TV가 없는 방, LP로만 음악을 듣는 공간, 휴대전화 대신 편지를 쓰는 책상 등 특정한 행위를 유도하는 장치를 만든다. 도시의 소음 대신 바람에 흔들리는 자연의 소리가 빈 곳을 채울 수 있도록 곳곳에 배려의 손길을 보내자.

긴장을 풀고 자연의 일부로 존재할 때,
우리 몸은 비로소 스스로 치유하는 힘을 얻는다.
시골에서의 건강은 내면의 고요가
육체의 강건함으로 이어지는 회복의 과정이다.

시골에 카페 만들기
가장 현실적인 조언

반드시 알아야 할

냉철한 조언

시골에서 카페를 차리고 싶어 하는 분들이 정말 많다.

'시골에 가면 임대료가 저렴하니까, 명소 부근에 차리면 나들이 왔다가 들르겠지, 특색 있게 꾸미면 오겠지.'

이런 식으로 가볍게 접근해선 안 된다. 단순히 외관을 멋지게 하고 그럴듯하게 리모델링해서 금방 망하는 가게들을 수도 없이 봤다.

시골에 카페 차리고 싶다는 분들 이야기를 들어보면 막연한 로망을 가지고 있는 경우가 많다.

‘시골에 카페 하나 가지고 있으면 삶이 멋있을 것 같다, 쉬엄쉬
엄 생활을 즐기면서 커피도 한 잔 내리고 풍경도 즐기고 정말 좋
겠다.’

우리도 한때 그랬다. 조금씩 상권이 형성되고 있는 시골의 골
목 초입에 있는 빈집들을 눈여겨보며 로망을 꿈꾸고는 했다. 그럴
때면 빈집이 마치 아무에게도 보이지 않는 금덩어리처럼 보였다.

‘공간을 이렇게 저렇게 꾸며서 딱 저기를 카페로 하면 좋겠다.’

생각은 꼬리에 꼬리를 물고 꿈이 부풀었다. 그러나 이는 장사
할 때 절대 좋은 접근 방법이 아니다.

작아도 사업이다. 비즈니스 마인드로 접근해야 한다.

도시 카페보다
더 깊은 고민이 필요하다

시골에 카페를 차리려면 도시보다 더 깊은 고민을 하고 접근
해야 한다.

‘어느 정도 특색을 갖추고 홍보하면 사람들이 찾아올 거야.’

이렇게 막연하게 생각하면 도시보다 더 힘들어질 수 있다. 접
근성이 도시보다 더 안 좋기 때문이다. 막연한 꿈이 아닌, 철저히

비즈니스적 시각으로 접근해야 한다.

시골에 카페를 차리려는 목적으로 접근하시는 분들은 크게 두 가지 케이스로 나뉜다. 하나는 저렴한 가격에 큰 부지의 땅을 매입해서 대형 카페를 하려는 분들이고, 다른 하나는 조그마한 집이나 한옥에서 취향이 담긴 작은 카페를 하려는 분들이다.

큰 규모인 경우 많은 인테리어 비용과 인건비와 유지비가 들어가는 건 두말할 것도 없다. 이미 많은 자본을 가지고 있는 사람들이 이런저런 목적으로 대형 카페를 짓기도 하는데, 대부분 사람들은 작은 규모의 카페로 접근하는 것이 현실이다. 게다가 요즘은 교외에 큰 카페가 많다 보니 단순히 크기만 커서는 두 번은 안 가게 된다. 도시에서 갈 수 없는 확실한 특색이 반드시 필요하다.

외진 시골에서는
아르바이트생 구하기도 어렵다

대부분 카페 하려는 분들은 직원이나 아르바이트생을 고용하고 본인은 쉬면서 쉬엄쉬엄 일하고 싶어 한다. 그래서는 어렵다. 직원들이 아무리 열정적이어도 사장 눈에만 보이는 것들이 있다. 직원이나 아르바이트생만 뽑아서 시키는 곳에 가보면 세심하지 못한 서비스를 금방 느낄 수 있다.

　게다가 시내권에서 가까운 시골은 젊은 사람들이 그나마 있으므로 직원이나 아르바이트생을 구하기가 비교적 편할 수 있지만, 시골에서도 좀 더 외진 시골로 들어가면 아르바이트생을 구하기도 어렵다.

　결국에는 본인이 더 많이 일을 하고 행동해야 한다. 주인이 주도적으로 운영하는 곳은 첫발을 들여놓을 때 기분부터 손님을 맞이하는 접객과 청소 및 인테리어의 세세한 부분들까지 다르다. 다시 방문하고 싶은 기분이 들 수밖에 없다.

잘되고 있는 곳도
실상 들여다보면 적자다

　직원이 많고 북적여서 나름 잘되고 있다고 하는 곳도 가서 사장과 이야기를 해보면 직원들 월급 주고 나면 남는 게 거의 없다고 말한다. 시골에 있다 보니 주말에는 교외로 나들이 온 사람들이 찾지만 평일에는 한적하다. 북적이는 주말에만 직원을 고용한다고 해도 관리를 하고 인건비를 쓰다 보면 오히려 적자가 나는 곳들이 적지 않다.

유동인구가 형성되어 있지 않은 시골에 멋들어지게 공간을 꾸며놓고서 초반에는 홍보비를 쓰고 마케팅도 하지만, 그 이후에는 지속적으로 홍보가 되지 않으니 직원을 뽑아놓고도 놀려야 하는 상황까지도 발생한다.

겉으로는 잘되고 있는 것처럼 보여도 성공 사례라고 하기는 어려운 곳들이 적지 않다. 그러므로 겉만 보고 판단할 일이 아니다. 투자할 수 있는 돈이 정말 많지 않은 이상 '조그마하게 취미활동 하면서 수익도 낸다'는 방식으로 접근해야 하지 '시골 카페에서 큰돈 벌어봐야지'라고 접근하면 쉽지 않다.

반드시 질문하라
'나라면 이 먼 곳까지 다시 올까?'

카페를 차리기 전에 이 생각을 꼭 한 번은 해봤으면 좋겠다. '나라면 이 먼 곳까지 다시 올까?'

평소 자신이 어떤 곳을 주로 찾게 되는지 생각해보자. 그러면 '소비자도 이곳까지 올까'라는 고민에 대한 답을 내릴 수 있다. 보통은 평일에는 주로 시내권에 있는 카페를 찾고 주말에 어쩌다 한 번씩 교외에 있는 카페를 검색해서 찾고는 한다. 그때마다 어떤 목적으로 찾게 되는지 답을 찾아야 한다.

마당도 있고 넓은 산도 있는 시골 카페는 흔하다. 그런데 '그곳에 다시 또 가고 싶다'라는 느낌이 들게 하려면 공간에 대한 자기만의 특색이 그야말로 뚜렷해야 한다.

공간과 맛과 서비스가 삼위일체로 어우러져 '또 오고 싶다''이러니까 사람들이 많이 오는구나' 생각이 절로 들어야 한다.

잘되는 시골 카페들은
입지가 남다르다

시골 카페도 입지가 중요하다. 잘되는 카페에 가보면 입지가 남다르다. 마을 분위기가 좋고, 탁 트인 공간이 눈 앞에 펼쳐지고, 바람에 흔들리는 나뭇가지가 춤을 추고, 풀냄새와 꽃냄새가 은은하게 펴져 있거나, 들를 만한 관광지도 끼고 있는 경우가 많다. 나도 모르게 그곳에 계속 머물고 싶다는 생각이 든다.

풍경과 조화를 이룬 공간 인테리어가 편안한 느낌을 주고, 시골다운 정겨운 느낌을 해치지 않고 고스란히 전달한다. 게다가 주변에 산책할 수 있는 길이 있거나 자전거까지 탈 수 있을 정도로 거리가 정돈되어 있다면 더 좋다. 도로와 인접해서 시끄러운 소리가 계속 들리거나, 분뇨 냄새가 많이 난다던가, 다니기에 도로가 지나치게 정비가 안 되어 있으면 좋은 입지라고 보기 어렵다.

시골은 지나가다 들르는 사람이 없다

시골 카페는 적은 비용으로 공간을 갖출 수 있다. 그리고 거기에는 다 그럴 만한 이유가 있다. 사람이 없고 돈이 돌지 않으니까 비용이 싸다.

도시는 유동인구가 있기 때문에 사람들이 지나가다 한 번은 들어올 기회가 있다. 그러나 시골은 길거리를 지나다니는 사람이 없다. 돌멩이가 길바닥에 많이 떨어져 있으면 한 번은 누군가의 발에 차이지만 돌멩이가 아예 없으면 발에 차이지도 않는다. 시골이 바로 그렇다. 일부러 시간과 돈을 들여서 먼 곳까지 찾아와야 한다.

장사 전략과 마케팅, 홍보 계획을 치밀하게 세워서 꾸준히 해야 한다. 아이템도 지속적으로 개발하면서 특색을 살려야 한다. 그렇지 않으면 기회조차도 없다.

동네만의 스토리를 발굴해서
콘텐츠화하라

그 동네만의 스토리를 발굴해서 마을과 함께 문화화된 카페들은 꾸준히 유지가 되고 콘텐츠도 계속 나온다.

마을마다 자기만의 이야기가 있다. 옛날부터 전해 내려오는 이야기들이기도 하고 지역 특산물이기도 하다. 그런 것들을 콘텐츠화시켜서 융합해야 한다.

보이지 않는 가치를 맛으로 또 경험으로 치환하는 것이다. 지역의 이야기를 한 잔의 음료나 한 접시의 디저트로 응축해낸다. 가령 300년 된 돌담의 결을 본뜬 수제 쿠키를 구워내거나, 지역에서 많이 피는 하얀 꽃을 닮은 요거트스무디를 내놓거나 하는 식이다. 손님은 단순한 커피 한 잔이 아니라, 그 마을이 품어온 수백 년의 시간과 흙 내음을 오감으로 소비하게 된다.

동네의 스토리를 담은 제품은 마을 주민들과 커뮤니티의 힘을 기르고 결속력을 다지는 데도 좋다. 동네 할머니가 정성껏 키운 특산물이 카페의 시그니처 메뉴가 되고, 할아버지가 들려준 옛 포구의 전설이 메뉴판 뒷면에 에세이로 담길 때 카페는 비로소 마을의 일부가 된다. 마을 사람들은 자신들의 삶이 콘텐츠로 대우받는 순간 자부심을 느끼며 카페의 가장 강력한 지지자가 되어준다.

커피를 잘 아는 사람이어야
시그니처가 된다

단연코 커피의 맛을 잘 알고 공부하는 게 무엇보다 중요하다. 요즘은 어느 카페에나 그 가게만의 시그니처 메뉴가 있다. 금액만 비싸고 똑같은 맛이면 소비자는 금방 알아본다. 그 시그니처 메뉴가 마을의 특색이나 사장만의 감각을 담았다면 더욱 좋다.

사장이 커피를 정말 좋아해서 이것저것 만들어 먹어보다가 정말 새롭고 특색 있는 자기만의 맛과 시그니처를 발견해서 선보인다면 한 번쯤은 더 마시러 올 것이다.

장기임대도
방법이다

도시는 다른 업종이 금방 들어오지만 시골은 그렇지 않다. 한번 매매를 하면 팔기도 쉽지 않다. 카페 공간을 매매하기가 부담스럽다면 장기임대도 방법이다. 사업을 자기만의 공간에서 한다면 매매를 해도 상관없겠지만 시골에 있는 상가나 창고를 구한다면 더더욱 장기임대는 괜찮은 선택이다.

　도시에서는 작은 공간도 값비싼 임대료를 내야 하지만, 그보다 더 저렴한 비용으로 시골에서는 마당까지 딸린 넓은 공간을 임대할 수 있다.

　특히 발품을 잘 팔다 보면 장기 무료 임대인 곳도 있다. 빈집에 들어와 살며 집 관리만 해주면 된다는 명목으로 10년이나 20년 길게 장기임대로 내놓는 집들이 있다.

　이때 주의해야 할 점이 있다. 장기임대로 계약을 해서 살거나 장사를 하고 있는데, 갑자기 집주인이 들어와서 지낸다고 하면 기한이 다 되지도 않았는데 나가야 하는 일이 발생하기도 한다. 그러므로 장기임대를 할 때는 법적인 문제를 정확히 할 수 있도록 임대계약서를 꼼꼼하게 확인하며 작성하고 변호사 공증까지 받는 것을 추천한다.

새로운 형태의
가족을 초대하자

첫 번째

생각 전환

시골의 좁은 골목을 걷다 보면, 주인 잃은 집들을 곧잘 마주하게 된다. 처음에는 그저 영상의 배경이 될 예쁜 공간을 찾는 것이 목적이었다. 하지만 렌즈 너머로 보이는 빈집의 숫자가 늘어갈수록, 우리는 호기심을 넘어 지방을 떠나가는 사람들과 지방 소멸이라는 사회적 문제에 가닿았다.

그러면서 역설적이게도 우리는 기회와 가능성을 보았다. 누군가에게는 버려진 폐가일지 모르나, 가치를 알아보고 비즈니스적 통찰력을 가진 이들은 무궁무진한 잠재력을 자기만의 가치로 바꾸고 있었다.

문제는 '왜 생겼는가'가 아니라 '어떻게 채울 것인가'에 있다. 떠날 사람은 어떤 유인책에도 결국 떠나기 마련이다. 그렇다면 우리의 시선은 다른 곳을 향해야 한다. 남아 있는 사람들에게 무엇을 줄 것인가, 그리고 오고 싶어 하는 이들에게 어떤 문을 열어줄 것인가. 이것이 지방을 대하는 첫 번째 생각 전환이다.

이기심을 버린
'컨트롤타워'가 있어야 한다

마을이 살아나는 사례를 분석해보면 한 가지 공통점이 발견된다. 그 지역에는 반드시 사람들을 모으는 구심점이 존재한다.

하지만 그 구심점은 결코 혼자만 잘살겠다는 이기심으로 무장한 사람이 아니다. 시골에서 구심점이 되어줄 사람은 지역 사람들을 이어주는 다리 역할을 할 수 있는 사람이어야 한다. 지역 주민과 새로 유입되는 청년들을 잇는 가교가 되어야 한다.

또한 비즈니스 마인드를 갖추고 있어야 한다. 감성적인 접근을 넘어 지속 가능한 수익 구조를 설계할 줄 알아야 한다. 예술가적인 마인드를 가진 사람들이 지역으로 많이 내려오고는 하는데, 자신의 예술 철학과 삶의 철학을 비즈니스 마인드로 풀어내는 분들은 지방을 살리는 구심점이 되고는 했다.

그리고 무엇보다도 상생의 철학이 있어야 한다. 주변을 경쟁자가 아닌 동반자로 인식할 때 사람과 조직은 예상치도 못한 방향으로 성장하는 사례를 보아왔다. 자신보다 주변 사람이 먼저 드러날 때 동네는 비로소 살아나기 시작한다.

동네에 근사한 가게 하나, 예쁜 카페 하나가 생긴다고 해서 지역이 살아나지는 않는다. 한탕을 노리는 투기꾼이나 자아도취에 빠진 예술가가 아닌, 낮은 자세로 힘을 보태며 중심을 잡아주는 이들이 있을 때 비로소 거리는 생기를 되찾는다.

행정의 숫자와 민간의 힘

지방자치단체와 민간의 접근 방식은 근본적으로 결이 다르다. 지자체의 목적은 인구수라는 통계 수치에 매몰되기 쉽다. "빈집을 저렴한 가격에 임대해줄 테니 들어와 사세요"라는 방식은 일시적인 효과가 있을지 모르나 공허한 메아리가 되기도 쉽다.

반면에 민간에서 일어나는 변화는 '삶의 증명'에서 시작된다.

"내가 살아보니 참 좋다. 여기 이런 멋진 집과 사업 기회가 있으니 너희도 함께해보지 않을래?"

이러한 권유는 강력한 힘을 갖는다. 성공 사례를 목격한 이들이 스스로 사업 계획을 세우고, 철학을 투영하여, 대출을 받아 제 발로 걸어 들어오게 만든다. 그것이 실질적인 지역 활성화의 모습이다.

새로운 형태의
가족을 초대하자

주말 별장과 아지트는 꼭 혈연으로 맺어진 가족이 아니더라도 공간을 공유하며 새로운 관계를 맺을 수 있다. 시골의 저렴한 구옥은 친구나 동료들이 마음을 모아 만드는 '공동 아지트'로 변모할 수 있다.

라이프스타일에 따른 인생 단계별로 지역의 빈집은 다양한 형태로 활용될 수 있다. 꼭 개인 한 사람이나 한 가정만 가능하지 않고, 다른 사람이나 가정과 자본을 합쳐서 별장으로 사용하거나 수익화를 이루어볼 수 있다.

항목	라이프스타일 및 용도에 따른 빈집 활용
청년기	친구들과 비용을 나누어 마련해 각자 혹은 함께 사용하는 공동 아지트. 촌캉스, 취미공간, 워케이션, 주말 텃밭 등으로 사용.
장년기	가족이 모여 정을 나누는 주말 별장. 여러 가족이 함께 구매해 공동의 별장으로 쓸 수도 있음.
숙박 수익화	숙박 공유 플랫폼을 통한 유휴 공간의 수익화.
워케이션 수익화	일(work)과 휴식(vacation)을 취하는 공간의 수익화.
공간 수익화	카페, 서점, 식당 등을 통한 수익화.

꼭 많은 자본이 있어야만 가능한 일이 아니다. 조건 등을 잘 찾아보면 저렴한 월세로 시골 빈집을 활용해볼 수 있기 때문에, 친구들과 계모임을 하듯 소액으로도 접근해볼 수 있다.

이때 중요한 것은 법적인 신뢰 관계와 서로에 대한 깊은 존중이다. 사업적으로 접근하는 경우나 주말 별장용으로 십시일반 함께하는 경우 법적 절차에 따라 차후 문제될 소지가 없도록 해야 한다.

1인 가구가 주를 이루는 현대 사회에서, 시골집은 과거의 대가족이 누렸던 북적북적한 온기를 현대적으로 복원하는 실험실이 된다.

다시,
사람으로

마을의 노인정에서 만난 어르신들은 낯선 방문객을 반갑게 맞이한다. 점점 젊은 사람들이 사라져가는 시골에 젊은 사람이 나타나면 어르신들의 따뜻한 관심을 받을 수 있다. 그러나 한편으로 시골에서의 민심이 팍팍하다고 걱정하는 분들이 있는 것 또한 현실이다.

사라지는 것들에 대한 애정 어린 시선과 이기심 없는 연대야말로 시골의 활기를 위해 우리가 첫 번째로 생각해야 할 가장 중요한 것들이다. 우리가 전국 방방곡곡 시골을 탐구하는 건 끊어진 사람 사이의 불씨를 다시 지피는 과정이라고 생각한다.

앞서 이야기했듯, 시골의 활기를 위해서는 선두에 서서 이끌어가는 구심점 역할을 할 사람이 필요한데, 우리는 누군가를 앞서서 끌고 가는 리더의 자리보다는, 자신이 맡은 분야에서 중심을 잡고 뒤에서 묵묵히 밀어주는 조력자가 되고 싶다. 시골의 기회를 발견하여 알리고, 성공의 사례를 공유하고, 사람 사는 이야기를 널리 퍼뜨리면서 우리 동네가, 그리고 내 옆의 이웃이 빛나게 될 때 텅 빈 집들은 다시금 누군가의 삶을 담아내는 그릇으로 거듭날 것이다.

행동하는 자만이
달콤한 삶의 열매를
맛볼 자격이 있다는
단순하지만 강력한 진리는
시골이 우리에게 주는 값진 선물이다.

인생이 재미있어지는 생활이 시작된다

겉으로는 멋쟁이 사장님,
속은 곪아가고 있었다

"엄마는 누워 있는 사람"

지쳐 있던 나를 일으키다

도시의 삶은 겉으로는 화려해 보이지만 그 속에선 저마다 고군분투하고 있기 마련이다. 앞만 보며 내달리다가 숨이 가빠오거나 자칫 병이라도 들면, 그제야 우리는 멈춰 서서 삶을 되돌아본다.

경남 고성군 회화면, 100년이 넘은 시골집을 고쳐 21년째 자기만의 공간에서 이야기를 쌓아가고 있는 그녀의 이야기는 멈춤이 뒤처짐이 아님을, 오히려 새로운 시작임을 증명하는 듯했다.

그녀가 처음 이곳에 내려왔을 때, 모든 것에 지쳐 있었다. 도시에서 의류 사업을 하며 남부러울 것 없이 승승장구하던 그녀였다.

그러나 겉으로는 화려한 멋쟁이였지만 속은 곪고 병들어 있었다.

뚜렷한 병명도 없이 매일같이 아팠다. 종일 일을 하고 집으로 돌아오면 손가락 하나 까딱할 힘이 없어서 누워 있기 일쑤였다.

'엄마는 맨날 누워 있는 사람'

어린 아들이 쓴 그림일기에 누워 있는 사람이라 묘사될 만큼 그녀의 몸과 마음은 쇠약해져 있었다.

더는 견딜 수가 없어서 요양차 시골로 내려왔지만, 처음 마주한 시골에서의 생활은 낭만과는 거리가 멀었다. 물이 새는 낡은 기와집에서 잠을 청하며 황량하기가 그지없었다.

하지만 그녀는 이상하게도 시골에서만큼은 눕는 대신 움직일 수 있었다. 을씨년스러운 밭을 갈아 금붕어가 헤엄치는 연못을 만들고, 돌을 하나하나 쌓아 어여쁜 돌담을 만들었다. 도시에서 살아갈 때는 손 하나 까딱할 힘이 없었는데, 시골에서는 남편과 함께 화물차에 돌도 실어 나를 수 있었다. 기술자를 불러 하루아침에 뚝딱 해치울 수도 있었겠지만, 서툰 손으로 직접 돌을 쌓아 올리는 방식을 택했다.

신기하게도 육체노동의 고단함이 쌓일수록, 몸에 깃든 고됨과 병은 씻은 듯이 사라져갔다. 그녀를 치유한 것은 약이 아니라, 맨손으로 흙과 돌을 만지고 두 발로 무거운 물건을 옮기는 정직한 땀방울이었다. 그녀에게 시골에서 살아갈 터전을 일구는 과정은

거실에 앉아서도 물을 바라보고 싶어 땅을 파서 연못을 만들었다. 연못 옆에 정각(亭閣)을 만들어 높은 곳에서 경치를 즐기며 식사를 한다. 정각에서 바라본 마당과 연못의 모습이 정겹다.

가정집에 차마 들어오지 못해 밖에서 구경만 하던 사람들을 하나둘 초대하고 차를 공부하다 보니 자연스럽게 찻집으로 발전했다.

무너진 자신을 다시 일으켜 세우는 시간이었던 것이다.

애쓰지 않아도 사람을 끌어당기는
아름다움의 힘

시골로 내려와 지낸 지 어느덧 21년의 세월이 흘렀다. 황무지와도 같던 마당은 너른 정원으로 변화하였다. 1,000여 마리의 비단잉어가 헤엄치는 거대한 연못, 계절마다 피고 지는 꽃, 손자들이 물장구를 치는 수영장, 그리고 웅장한 기암괴석들이 어우러진 마당의 풍경은 지나가는 사람들의 발길을 붙잡았다.

사람들은 이곳을 공원이라 착각하고 들어오고는 했다. 또 어떤 사람들은 예쁜 정원에 이끌려 구경을 하면서도 가정집이라는 것을 알고는 차마 들어오지 못하고 기웃댔다.

그러면 마음 좋은 그녀는 물 흐르듯 스며들어온 낯선 이들을 내치지 않고 기꺼이 따뜻한 차를 내어주었다. 아무것도 바라지 않고 그저 나누고 싶은 마음에 내민 차 한 잔을 사람들은 그냥 받지를 못했다.

"돈을 안 받으면 미안해서 못 오겠어요."

사람들의 성화에 못 이겨 찻집 간판을 걸었다. 담장 너머로 흘러넘치는 아름다움은 애쓰지 않아도 사람들을 불러 모았던 것이다. 홍보와 마케팅을 하고 돈을 써도 사람이 오지 않아서 속을 끓이는 사람들이 많은데, 그녀는 돈 한 푼 안 들이고 사람들을 끌어 모았다.

그녀를 보며 사람들은 아름다운 것을 향해 자연스럽게 발걸음을 옮기게 된다는 것을 다시 한번 깨달았다. 억지로 꾸미지 않아도 자연스럽게 사람을 불러들이는 아름다움을 지니고 싶다 다짐도 하게 되었다. 그녀의 정원은 이제 개인의 안식처를 넘어, 따뜻한 차 한 잔을 나누고 아름다움을 누리는 정겨운 쉼터가 되었다. 그녀가 찻집을 운영하는 이유는 돈 때문이 아니다.

"와, 너무 예쁘다."

감탄하는 사람들의 표정을 보는 것, 그 순수한 기쁨이 그녀를 계속 움직이게 하는 원동력이다.

늙어감에 대하여
'멋'에서 '삶'으로

그녀는 자연을 압도하지 않고, 자연을 들이는 법을 택했다. 이곳에서 자연은 그야말로 거대한 액자가 되어, 비가 오면 비 오는 풍경을 담고, 눈이 오면 눈 덮인 풍경을 실시간으로 상영한다.

자연이 선물하는 영화 같은 장면 장면을 계절마다 감상하며 추운 날에는 마당 한편에 있는 화로에서 뜨끈한 군고구마를 구워 먹고, 뜨거운 여름날에는 맷돌에 시원한 콩국수를 갈아먹고, 아궁이에서 허해진 몸에 보양이 될 수 있는 백숙을 해먹는다.

"예전에는 남에게 보이기 위해 치장했어요. 그런데 이제는 알아요. 건강한 내가 최고예요."

도시의 세련된 옷 대신 작업복을 입고, 고운 손 대신 투박한 손을 얻었지만, 그녀는 지금의 자신이 훨씬 아름답다고 믿는다. 꾸며낸 아름다움을 추구할 때는 속이 병들었는데, 자연스러운 아름다움을 따라가기 시작하니 외양도 내면도 모두 저절로 아름다워졌다. 자신의 공간을 가꾸고, 생명을 돌보며, 타인에게 기쁨을 주는 삶. 그 안에서 나이 듦은 더 깊고 그윽해지는 성숙의 과정이다.

지금도 그녀는 정원에 어떤 꽃을 심을까 고민하며 설렌다. 21년을 가꿨으면서도 늘 새롭게 탄복하며 단장하는 그녀의 열정을 보며 부지런함에 감탄할 수밖에 없었다. 시골에서 그녀의 공간은 수십 년간 서서히 그녀를 닮아가고 있었다. 우리 인생도 땀과 시간으로 묵묵히 쌓아 올릴 때 비로소 누구도 흉내 낼 수 없는 나만의 작품이 된다는 사실을 조용히 일러준다.

"예전에는 남에게 보이기 위해 치장했어요.
그런데 이제는 알아요.
건강한 내가 최고에요."

꾸며낸 아름다움을 추구할 때는 속이 병들었는데,
자연스러운 아름다움을 따라가니
외양도 내면도 모두 저절로 아름다워졌다.

한국생활 26년 차 일본인 가족의
'나무 위에 지은 집'

김제의 어느 평범한 시골 마을에는 비범한 집 한 채가 있다. 커다란 나무 위에 지은 집과 그 집 아래로 마치 단단한 뿌리처럼 이어진 한옥집이다.

무너져가던 시골집을 새롭게 단장하고 그 곁에 놀라운 나무 위의 집을 지은 사람은 다름 아닌 일본 홋카이도 출신인 미즈노 마사유키 씨다. 한국생활 26년 차에 접어든 그가 폐가를 일구어 만든 공간은 단순한 집을 넘어 한 가족의 이야기와 한 사람의 삶의 철학이 응축된 공간이었다. 그의 삶과 집에 얽힌 이야기는 우리가 자칫 잃어버리기 쉬운 뿌리의 의미를 되새겨볼 수 있게 한다.

미즈노 씨의 고향은 일본 홋카이도 삿포로다. 눈 덮인 북쪽 땅에서 태어난 그에게 유년의 기억은 그리 따뜻하지 않았다. 공무원이었던 아버지를 따라 그는 늘 규격화된 아파트를 전전하며 자랐다. 2~3년마다 짐을 싸고 푸는 일은 그에게 일상이었고, 집이란 다음 목적지로 가기 위해 잠시 머무는 정거장에 불과했다. 어린 미즈노에게 공간은 마음을 붙이는 대상이 아니라, 언제든 떠날 수 있는 무미건조한 곳이었다.

그의 무심한 일상에 균열이 생긴 건 초등학교 4학년 무렵이었다. 친구의 집으로 놀러 갔던 날, 그는 낯선 충격을 경험했다. 친구의 집은 할아버지가 손수 지은 낡은 목조 주택이었다. 아파트에 익숙했던 소년의 눈에 그 집은 어둡고 지저분하며 낡은 냄새가 나는 곳일 뿐이었다. 그러나 친구가 집안 구석구석을 안내하기 시작하자 그러한 생각을 가졌음이 부끄러워지고 이내 부러움으로 변했다.

친구는 나무 마루의 깊은 흠집을 가리키며 삼촌과 칼싸움을 하다가 할아버지에게 혼났던 추억을 이야기했다. 거실의 굵은 대들보 기둥에는 친구가 서너 살 때부터 기록해온 키 재기 눈금이 빼곡히 새겨져 있었다. 친구의 집은 단순한 건물이 아니라, 그 가족의 모든 순간을 기억하는 타임캡슐이었다.

그날 미즈노 씨는 깨달았다. 누군가에게 집은 단순히 잠을 자는 공간이 아니라, 삶을 지탱하는 뿌리와도 같다는 사실을 말이다. 돌아오는 길, 소년은 결심했다. 언젠가 자신도 이사 가지 않아도 되는 집, 영원한 뿌리가 되어주는 집을 가지겠노라고 말이다.

인생의 바닥을 경험하고
쓸데없는 자존심을 버렸다

2004년에 아내의 고향인 전북 김제로 왔을 때 주변의 우려 섞인 시선이 가득했다. 하지만 그에게 시골은 도피처가 아니라 평생을 찾아 헤맨 뿌리 내릴 땅이었다.

그러다 그는 운명처럼 지금의 집을 만났다. 오랫동안 방치되어 귀신이 나올 법한 흉물스러운 폐가였다. 천장은 비닐로 간신히 덮여 있었고 벽면은 수십 년간 두꺼운 벽지들이 덕지덕지 덧씌워져 있었다. 그러나 미즈노 씨는 그 틈새로 드러난 단단한 서까래를 보았다. 수십 년을 버텨온 나무의 기운이 여전히 살아 있음을 직감한 그는 무모한 도전을 시작했다.

예산이 부족했기에 자재 수급부터 짓는 과정까지 모든 공정은 그의 손을 거쳐야만 했다. 매일 아침 공사 현장을 돌며 폐자재를 줍고, 산에서 쓰러진 나무들을 날랐다. 쓰레기장에서 쓸 만한 자재를 발견하면 보물을 찾은 듯 기뻐했다.

사실 그는 한때 자존심이 무척 셌던 사람이었다. 남의 눈을 의식하고 멋져 보여야 한다는 강박이 그를 지배했었다. 하지만 인생의 바닥을 경험하며 자존심이라는 껍데기를 벗겨내자 사물의 본질이 보이기 시작했다. 버려진 나무 하나에도 고유한 결이 있고, 그것이 자신의 손길을 거쳐 다시 태어날 때 느끼는 희열은 무엇과도 바꿀 수 없었다.

그는 이 집에 돈을 투자하는 대신 자신의 인생을 투자했다. 10년이 넘는 세월 동안 그는 집을 고친 것이 아니라, 집을 통해 자기 자신을 다시 세우고 있었다.

교육의 본질을 고민하며
나무 위에 지은 집

아이들의 교육 문제로 도시행을 권하는 이들에게 미즈노 씨는 확고한 철학을 답으로 내놓는다.

"교육의 본질은 지식을 주입하는 것이 아니라, 세상을 향한 오감의 안테나를 세워주는 데 있습니다."

5명의 아이의 키가 자랄 때마다 집 기둥에 표시를 하였다. 아빠가 손수 고친 시골집에는 아이들 저마다의 성장 이야기가 고스란히 깃들어 있다.

마치 나무 그루터기 안에 집을 지은 것처럼 나무와 가구가 절묘하게 어우러져 있다.

흙의 감촉, 계절마다 달라지는 바람의 냄새, 나무를 깎을 때 나는 사각거리는 소리는 책으로는 결코 배울 수 없는 삶의 감각이다.

그는 다섯 아이에게 특별한 비밀 기지를 만들어주고 싶었다. 형편이 넉넉하지 않았던 시기였음에도, 300년 된 느티나무 위에 트리하우스를 짓겠다는 꿈을 포기하지 않았다. 무모해 보였던 이 도전은 간절함 끝에 방송사와의 인연으로 현실이 되었다. 그는 온 정성을 다해 나무 위의 집을 완성했고, 이는 곧 작은 마을의 상징이 되었다.

트리하우스에는 묘한 마법이 깃들어 있다. 여든이 넘은 할머니도, 무뚝뚝하던 남편도 사다리를 타고 나무 위 집에 발을 들이는 순간 어린아이의 얼굴로 돌아간다. 높은 나뭇가지 사이로 비치는 햇살과 바람의 속삭임이 현대 사회에서 잊고 살았던 인간의 근원적인 동심을 일깨우기 때문이다.

미즈노 씨는 그 미소들을 보며 확신한다. 우리 모두의 마음속

집을 만드는 과정에 아이들도 일손을 거들며 참여하였다. 아이들은 어른들이 알고 있는 것보다 용감하고, 할 수 있는 것이 많다.

에는 여전히 꿈을 꾸는 어린아이가 살고 있다는 사실을 말이다.

미대에 가고 싶었으나 현실의 벽에 부딪혀 꿈을 포기했던 그는, 자신의 아이들이 예술가의 길을 걷는 것을 보며 때로 대리 만족을 느끼곤 했다. 그런 그에게 어느 날 아들이 건넨 한마디는 인생을 관통하는 가장 큰 위로가 되었다.

"아빠는 이미 위대한 예술가예요. 우리 가족은 아빠가 평생 공들여 만든 이 거대한 작품 속에서 매일 살고 있잖아요."

그 말을 듣는 순간, 미즈노 씨의 가슴속에 박혀 있던 해묵은 한이 눈 녹듯 사라졌다. 그는 화가나 조각가는 되지 못했지만, 삶이라는 재료로 집이라는 작품을 빚어온 예술가였다. 이 집은 단순히 생활을 하는 공간이 아니라, 가족의 사랑과 고뇌, 그리고 화해가 층층이 쌓인 거대한 캔버스였던 셈이다.

이제 그의 집은 가족의 울타리를 넘어 지친 도시인들이 잠시 쉬어가는 문화 체험 공간이 되었다. 처음에는 낯선 사람들이 거실에 앉아 있는 것이 불편하기도 했지만, 이제 그는 방문객들이 자

미즈노 씨는 시골집에서 여러 행사를 열기도 하고 사람들을 초대하기도 한다.

나무 위에 지은 집의 뼈대가 만들어지고 있다. 미즈노 씨가 하나하나 직접 만들었다.

신의 집에서 평온해하는 모습을 보는 것에서 가장 큰 기쁨을 찾는다. "할아버지 집에 온 것 같아요"라고 말하는 사람들을 보며, 그는 자신이 지은 공간이 누군가에게 새로운 뿌리가 되어줄 수 있음을 느낀다.

당신의 기억이 담긴 공간을 가져 보세요
삶이 달라집니다

미즈노 마사유키 씨의 꿈은 여전히 진행 중이다. 그는 이제 재미있는 할아버지가 되어 곧 태어날 손주들을 위한 또 다른 상상의 공간을 짓고 싶어 한다. 완성된 집이란 존재하지 않는다는 것이 그의 지론이다.

"주인이 숨 쉬는 한 집도 함께 숨 쉬며 늙어가고, 또 새롭게 태어나거든요."

그의 삶과 가족의 역사가 오롯이 담긴 공간을 보다 보면 시간의 궤적이 보이는 듯했다. 삶의 역사를 간직한 공간에서 살아가는 사람의 내면은 단단할 수밖에 없겠구나, 이 집을 보며 깨달았다.

도시에 살아가는 많은 사람들은 마치 집을 정거장처럼 여기고는 한다. 빌려 쓰는 공간에서 잠시 머물다 떠나야 하는 경우가

미즈노 씨가 직접 만든
나무 위의 집.

많으니, 어쩔 수 없는 방편이다. 그런 도시의 사람들에게 뿌리 내릴 수 있는 공간이 가지는 힘을 반드시 경험해보라고 이야기하고 싶다. 그 안에 담긴 시간의 가치를 발견하는 순간, 집은 세상에 하나뿐인 보석으로 변한다.

미즈노 씨가 보여준 용기란 대단한 결단이 아니라, 바로 이런 작은 가치를 발견하는 눈에서 시작되었다. 그의 집이, 그리고 그의 삶이 우리에게 전하는 메시지는 분명하다. 거창한 건축물이 아니어도 좋다. 단 한 구석이라도 당신의 손때가 묻고 당신의 기억이 서린 공간을 가져보라는 것. 그곳에서 비로소 당신의 삶은 단단하게 뿌리 내릴 수 있을 것이다.

7남매의 십시일반
시골 별장 만들기

7남매의 시골 별장

그 속에 담긴 아름다운 사연

전국으로 다니며 많은 시골살이 이야기를 접했지만, 여러 형제가 십시일반 시골 별장을 마련한 사례는 만난 적이 없었다. 그것도 무려 7남매가 함께 노동도 하고 돈도 합쳐 시골별장을 만들었다.

주말이면 여러 곳에 흩어져 있던 7남매 가족은 시골집에 오순도순 모여 이야기꽃을 피운다. 7남매뿐만 아니라 그 자녀들도 식구들과 주말 별장으로 이용하기도 한다.

가족만의 시골 별장이라니, 너무나 멋지지 않은가?

7남매의 시골 별장으로 들어서는 마을 입구부터 분위기가 심상치 않다. 마치 영화 〈웰컴 투 동막골〉 속 동화 같은 마을이 떠오른다. 옹기종기 모여 있는 집들이 너무나 아름다웠다. 집이 품고 있는 이야기도 집의 모습도 한 편의 감동 어린 이야기처럼 정다웠다.

집 입구에 들어서면 텃밭에는 상추, 고추, 가지, 토마토가 탐스럽게 열려 있고, 한쪽에는 고기를 구워 먹을 수 있는 화로와 마른 장작더미가 있다. 올봄에 새로 심었다는 잔디는 푸릇푸릇했고, 작은 어린이 수영장도 마련되어 있다. 까르르 웃는 어린이들의 웃음소리와 찰방거리는 물소리가 들리는 것만 같다.

7남매가 시골 별장을 마련하기로 한 데는 특별하고 아름다운 사연이 있다. 7남매의 아버지는 1964년에 집을 손수 지으셨다. 기둥 하나, 기와 한 장 어느 것 하나 아버지의 손길이 닿지 않은 곳이 없었다. 아버지가 지은 집에서 수십 년간 9명의 식구가 왁자지껄, 오순도순 지냈다. 7남매는 무럭무럭 자라 취업과 결혼을 하여 시골집을 떠나 흩어졌고, 부모님은 여생을 그 집에서 보내셨다.

부모님이 돌아가신 후 형제 중 누구 하나 집을 팔자고 하지 않았다. 7남매는 아버지가 직접 지으신 집이니 꼭 되살려야겠다고 마음먹었다. 7남매의 생각이 하나같이 똑같았다. 모두가 의논해서 다수결로 결정을 했고 모두 찬성해서 공평하게 비용을 지불하여 집을 되살리기로 했다.

원래도 우애가 좋았던 7남매였다. 하지만 아버지가 물려주신 시골집을 직접 수리하면서 그들의 사이는 한층 더 단단해졌다. 함께 땀 흘리고 시간을 보낸 덕분에 가족 간의 정은 이전보다 깊어질 수 있었다.

처음 마주한 현실은 녹록지 않았다. 전문가에게 수리를 맡기려니 견적만 무려 8,000만 원에 달했다. 넉넉하지 못한 예산 앞에서 형제들은 고민 끝에 소매를 걷어붙였다.

“우리 힘을 조금 더 들이더라도 직접 고쳐보자.”

전문 지식이 없는 아마추어들이었기에 과정은 험난했다. 생소한 건축 용어를 공부하고, 주말마다 모여 구슬땀을 흘렸다. 처음에는 엄두가 나지 않던 일들도 머리를 맞대고 하나씩 풀어나가자 어느새 자신감으로 바뀌었다. 7남매 중 큰누이가 팔을 걷어붙이고 디자인부터 진두지휘를 하니 일사천리로 진행될 수 있었다.

일부분은 전문가의 도움을 받았지만, 대부분은 7남매가 주말을 반납하며 직접 매만졌다. 결과는 놀라웠다. 공사비는 처음 예상의 절반인 4,000만 원으로 줄어들었다. 수치상으로도 큰 절약이었지만, 그들이 얻은 것은 단순한 비용 절감 그 이상이었다.

아버지가 직접 지은 시골집을 7남매가 십시일반 고쳤고, 이제 7남매의 주말 별장이
되었다.

7남매의 자녀들과 그 자녀의 식구들까지 이용하는 보물 같은 별장이다.

만약 예산이 충분해 업자에게 모든 것을 맡겼다면 결코 가질 수 없었을 시간을 보냈다. 함께 고민하고 노동하며 보낸 시간은 형제들을 더 깊은 정으로 묶어주었다. 처음엔 막막했지만 하나씩 해보니 못할 게 없었고, 그 과정에서 '우리가 정말 끈끈한 가족'임을 다시금 확인했다.

태어나고 자란 정든 시골집은 이제 7남매를 넘어 다음 세대의 웃음소리로 채워지고 있다. 마당은 장성한 조카들과 이제 막 걸음마를 뗀 어린 손주들이 마음껏 뛰어노는 놀이터가 되었다.

아버지가 지으신 집에서 7남매가 자랐고, 이제 그 자녀의 자녀들이 이곳에서 사랑을 배운다. 마을을 든든히 지키는 느티나무처럼, 이 집은 가족의 사랑을 지켜내는 다정한 화합의 장소가 되었다.

부족한 예산 덕분에 얻게 된 끈끈한 우애는 그 어떤 화려한 인테리어보다 빛나는 이 시골집의 진짜 가치다.

왜 어릴 적 집에만 가면 할 이야기가 이렇게 많을까?

형제들과 화목하게 지내는 게 당연한 것이겠지만 떨어져 살다 보면 말처럼 쉽지만은 않다. 게다가 형제가 일곱이나 되면 모두 같은 의견으로 모이기는 더 어렵다. 누구 한 명쯤은 괜히 돈을 쓰지 말고 집을 판 돈을 나누자고 하거나, 고치고 싶은 마음이 있다고 해도 누구는 형편이 어렵고 누구는 형편이 좋으면 갈등도 생기기 마련이다. 그러나 현명하고 다정하게 함께 시골별장을 마련한 7남매 이야기를 만나고 나니 가족의 모습이 너무나 부러웠다.

나와 형에게도 집안 대대로 내려온 시골집이 있다. 형과 나는 평상시에는 1년에 한두 번 짧은 연락을 할 정도이고 같이 있어도 대화를 거의 하지 않는 무뚝뚝한 사이다.

그러나 형과 같이 시골집을 관리할 때만큼은 전화도 많이 하고 문자도 자주 했다. 평상시에는 말을 거의 나누지 않는 형제 사이지만, 그 집에만 가면 마루에 앉아서 이야기도 나누고 커피도 마시는 시간이 만들어졌다. 집은 노후되었지만 옛날 집이 주는 추억은 우리 형제 마음에 그대로 있었다.

옛날이야기를 하면서 노는 게 그 집에서만큼은 재미있었다. 본집으로 돌아오면 다시 짧은 연락을 할 뿐이었지만 희한하게도 그 공간에만 가면 약속이나 한 것처럼 형도 나도 어렸을 때로 돌아간 듯한 느낌이 들었다.

집을 수리하느라 잡다한 일이 많았는데도 힘들다는 생각 없이 놀면서 일을 한다는 기분이었다. 한참 열심히 수리하다가 당장 쓸 사람이 없다 보니 다음 기회에 하자고 하곤 시간이 다시 흐르고

있다. 우리 가족도 7남매처럼 우애 깊은 시골집을 머지않아 완성
할 날을 꼭 만들고 싶다.

시골에 방치된 빈집,

가족만의 별장으로 만들어보자

시골 마을 곳곳에는 주인을 잃은 빈집이 많다. 부모님이 세상
을 떠나고 남겨진 집은 흔히 자녀들에게 공동 지분으로 상속되곤
한다.

바로 이 지점이 갈등의 시작이다. 소유권이 여러 명에게 나뉘
다 보니 누군가 욕심을 내면 관계가 틀어지기 일쑤고, 집을 팔려
해도 모두의 동의를 얻는 과정이 고달파 포기하게 된다. 내 집도
네 집도 아닌 상황에서 선뜻 비용을 들여 수리하려는 이도 없다
보니, 정든 고향 집들은 그렇게 비어간다.

사람의 온기가 끊긴 집은 무서운 속도로 허물어진다. 오랜만
에 찾아간 집 앞엔 사람 키만큼 자란 잡초가 무성해 입구조차 찾
기 힘들다. 거주하지 않더라도 가끔 들러 손을 보고 온기를 불어
넣어야 집이 사는데, 방치된 빈집들은 마을의 흉물이 되어갈 뿐
이다.

이런 현실 속에서 7남매의 사례는 시골 빈집 문제에 대한 훌륭한 대안을 제시한다. 가족이 힘을 합쳐 집을 고치고 세컨드 하우스로 활용하는 모델이다. 적은 비용으로 낡은 집을 고치고 텃밭과 아이들을 위한 미니 풀장을 만드는 과정 자체가 집을 살리는 길이 된다. 사람들이 수시로 드나드니 집은 관리되고, 적막하던 마을에는 다시 활기가 돈다.

매년 휴가철마다 막대한 돈을 들여 먼 해외로 떠나는 대신, 그 비용을 모아 시골 별장을 마련해보는 건 어떨까? 한 번의 여행으로 사라질 돈을 모으면 저렴하게 나온 시골집을 구해 가족의 거점으로 삼을 수 있다. 이는 단순히 부동산을 소유하는 것을 넘어, 자녀와 조카, 손주들까지 대를 이어 추억을 쌓는 공간을 만드는 일이다.

7남매가 증명했듯, 함께 집을 가꾸는 과정에서 우애는 싹트고 집은 다시 숨을 쉰다. 시골 별장은 사라져가는 고향을 지키고 가족의 사랑을 이어주는 가장 값진 투자가 될 것이다.

"7남매가 십시일반 힘을 합쳐서
시골집을 마련했고,
우리 가족만의 별장으로 이용해요.

편리하고 비용을 아끼는 데다
무엇보다도, 형제 우애가 더 깊어졌어요.
우리가 가족이구나 느끼게 되었습니다."

70대 농부의 손끝에서
탄생한 아름다운 정원

벼락 맞은 나무가 가르쳐주는
강인한 생명력

어느 날, 반가운 메일 한 통을 받았다.

"저희 부모님이 시골에서 정말 예쁘게 정원을 가꾸세요. 소개해주시면 어떨까요?"

잔뜩 기대에 부푼 우리를 맞이한 건, 놀랍게도 조경에 대해 따로 배워본 적 없는 어느 농부 할아버지가 홀로 가꾸었다고 하기에는 믿기지 않는 풍경이었다. 경상북도 영덕군, 울진군, 영양군이 경계를 맞대는 시골 마을의 400평 남짓한 너른 대지 위에 할아버지는 70세를 넘긴 나이에도 전문가 못지않은 솜씨로 정원을 가꾸고 있다.

마당에 들어서면 기묘한 형상의 나무 한 그루가 사람들을 반긴다. 수직으로 뻗은 원가지만 보면 껍질이 다 벗겨져 있어 죽은 것만 같지만, 그 옆으로 무성한 잎을 틔우며 돋아난 푸르른 새로운 줄기가 살아 있는 나무임을 보여주고 있다.

산에서 벼락을 맞아 전기가 몸통을 관통했던 나무다. 벼락에서 흘러나온 강력한 전기가 나무를 관통한 흔적이 선연했다. 죽음의 문턱을 넘겼던 나무를 할아버지는 마당으로 옮겨와 정성으로 가꾸었다.

'원가지는 죽었을지언정 뿌리는 살아남아 기어이 살길을 찾아냈구나.'

하늘이 내린 갑작스러운 시련도 나무가 지닌 생명의 본능을 완전히 꺾지 못했다. 나무는 대지로부터 힘을 얻어, 고통을 품은 채 다시 색채를 띤 아름다운 형상으로 자라났다. 나무를 보고 있노라면 저절로 많은 것을 진지하게 생각하게 되었다. 나무를 보며 생각했다. 우리네 인생도 이 나무와 같지 않을까, 하고. 큰 시련에 부딪혀 삶의 한 부분이 무너져 내리더라도, 생을 향한 의지만 있다면 곁가지를 뻗어 다시 푸른 잎을 틔우면서 더욱 멋진 삶을 일굴 수 있다. 벼락 맞은 나무는 삶의 이치를 온몸으로 말하고 있었다.

어느 농부가 체득한 조경의 기술

"조경 배운 적 없어요"

보통 시골마당이라 부르지만, 마당이라는 단어로 이 집 앞 풍경을 설명하기에는 모자르다. 손끝에서 정성으로 관리한 이곳은 분명 마당이 아니라 정원이다.

오랜 시간 정성으로 다듬어진 정원을 보다 보면 자연스럽게 이런 질문이 입 밖으로 새어 나왔다.

"조경을 배운 적이 있으세요?"

"배운 적 없지만 식물원 같은 곳에 가면 공부도 하고 사진도 찍어 와 연구를 해요."

정식으로 조경을 배운 적 없이 평생 농사를 지으며 흙을 일궈온 농부의 손끝에서 탄생한 정원은 전문가들도 혀를 내두를 만큼 정교하다. 할아버지는 전국 각지의 식물원을 다닐 때마다 사진을 찍고 연구하며, 나무가 지닌 고유한 곡선과 생리를 독학으로 익혔다. 할아버지의 조경 솜씨는 입소문이 나 동네 여기저기에서 조경을 의뢰하기 위해 연락을 해오기에 이르렀다.

할아버지의 손재주는 정원에만 머물지 않는다. 집 한편에 마련된 정비실에는 용접기와 각종 공구가 즐비하다. 자동차 엔진오

담장도 대문도 없이 누구나 지나가며 조경을 감상할 수 있도록 한 배려가 돋보인다.

집 한편에 마련된 정비실에는 각종 공구로 즐비한데, 너무나도 깔끔하게 정돈되어 있다. 농사와 조경 외에도 자동차 정비를 스스로 하고 양봉, 과실나무 키우기 등 부지런하고 단정한 성품을 한눈에 알 수 있다.

일을 직접 갈고, 고장 난 농기구를 고치며, 돌을 깎아서 찜질이 가능한 돌의자까지 직접 만들었다. 시골의 창고는 온갖 물건들이 널려 있기 마련인데 할아버지의 정비실은 너무나도 깔끔하게 정돈되어 있었다. 단정하고 부지런한 할아버지의 성품이 느껴졌다.

도시에 사는 사람들이 편리함을 구매하는 동안, 할아버지는 자신의 노동과 사유를 투입해 기쁨을 누린다. 배움의 증거로 각종 증명서를 앞세우기 바쁜 오늘날, 수십 년간 자연을 관찰하며 체득한 삶의 기술이야말로 진정한 공부라는 것을 할아버지는 묵묵히 보여준다.

할아버지의 텃밭에는 요즘 보기 드문 토종 참복숭아가 자란다. 개량종처럼 크고 화려하지도, 붉은빛을 띠지도 않는다. 껍질은 시퍼렇고 크기는 작지만, 그 알맹이를 베어 물면 무화과처럼 부드러운 식감과 농축된 단맛이 입안을 가득 채운다.

"이런 게 진짜배기지요."

화려하게 치장하지 않아도 본연의 맛이 깊은 참복숭아는 집 주인 내외의 삶과 닮아 있었다. 할아버지는 22세에 장가를 들어 부모님을 모시며 단 한 번도 고향을 떠나지 않았다. 아파트의 안락함이 성미에 맞지 않는다며 부지런하게 시골에서 살아온 세월이 수십 년이다. 할아버지의 성품과 말투와 삶의 모습에는 인위적인 가공으로는 결코 따라올 수 없는 인생의 깊은 풍미가 배어 있다.

시골 농부의 뿌리 교육

자식들이 언제든 돌아올 수 있는 곳

집 뒤편 언덕으로 올라가면 동네가 한눈에 내려다보이는 자리에 작은 농막 하나가 자리하고 있다. 할아버지가 포항에서 중장비 일을 하는 아들과 손주들을 위해 직접 만든 아지트다. 이곳에서 아들은 느긋한 주말을 즐기며 고기를 굽고, 아이들은 흔들의자에 앉아 청정한 공기를 마신다.

평생 한 자리를 지킨 아버지가 일궈낸 터전은 이제 자식들에게 언제든 돌아갈 수 있는 고향이 되었다. 할아버지가 농사를 하고 나무를 심고 정원을 가꾼 집은 자식들이 돌아와 쉴 수 있는 든든한 뿌리가 되어주고 있다. 65년 된 시골집의 뼈대를 지키며 살고 있는 할아버지는, 빠르게 변화하는 세상 속에서도 변하지 않는 가치가 무엇인지를 자식들에게 물려주고 있는 듯했다.

"이 집에서 잘 살아왔어요."

할머니는 담담하게 웃으며 말하지만, 그 말 한마디에는 평생을 함께 삶을 일궈온 동반자에 대한 깊은 신뢰와 집에 대한 애정이 녹아 있다.

"공기 좋은 곳에서 자연과 호흡하며 살면 10년 살 거 100년은 너끈히 살 수 있지요."

할아버지는 호탕하게 말하며 웃는다. 건강이 최고라는 말은 단순히 신체적 건강만을 의미하지 않는다. 벼락 맞은 나무에서 소생에 대한 신비로움을 실감하고, 투박한 복숭아에서 단맛을 찾으며, 자신의 손으로 삶을 일궈가는 마음의 건강이야말로 할아버지가 발견한 오래 건강하게 사는 삶의 비결일 것이다.

강원도의 깊은 시골, 65년 된 한옥 마루에 앉아 바깥 풍경을 바라보고 있노라면 그 자체로 한 폭의 풍경이 된다. 나무와 함께 호흡하고, 정원에서 제철 열매를 따다 먹고, 가족들이 담소를 나눌 공간을 가꾸는 일은 자신의 인생을 정성스럽게 다듬는 일이 아닐까. 자신의 인생이라는 거대한 정원을 다채롭게 채워가는 과정일 것이다.

"공기 좋은 곳에서 자연과 호흡하며 살면
10년 살 거 100년은 너끈히 살 수 있지요."

할아버지는 빠르게 변화하는 세상 속에서도
변하지 않는 소중한 가치가 무엇인지를
삶을 통해 가르쳐주고 있다.

8년간 바위산을 뚫어
동굴집을 만든 남자

극한의 인간 의지

동굴을 파서 사는 남자

"동굴을 직접 파서, 거기서 살고 있다고?"

처음 들었을 때는 중국 소수 민족 이야기인 줄로만 알았다. 그런데 아니었다. 전라남도 보성 시골집 뒷마당에 동굴을 무려 3개나 손수 파서 만든 사람이 있다고 했다. 게다가 그곳에서 살림살이를 갖추어 살고 있다니, 눈으로 직접 보기 전까지 믿을 수가 없는 이야기 속으로 들어갔다.

구수한 말투로 우리를 맞아주신 아저씨는 대화를 나누는 내내 유쾌하고 호방한 에너지를 잔뜩 뿜으셨다. 그의 곁에 머무는 것만으로도 좋은 에너지를 전달받는 기분이 들어 몸과 마음에 힘이 솟는 기분이 들었다.

공간을 직접 마주하고 나니 더욱 놀랄 수밖에 없었다. 2,000평이 넘는 대지에는 동굴만 있는 것이 아니라 멋진 한옥과 직접 만든 찜질방까지 갖추고 있었다. 그러나 아무래도 가장 눈길을 끄는 곳은 아저씨가 8년에 걸쳐 스스로 파낸 3개의 동굴이다.

아저씨의 소박한 행색만 봐서는 그저 평범한 시골 사람이라 생각하기 쉽지만, 이 동굴을 보는 순간 사람들의 눈빛과 태도는 완전히 달라진다. 그에게서 '기(氣)를 받아간다'라며 악수를 청하는 사람이 있는가 하면, 관광버스를 타고 찾아오는 사람들까지 있을 정도다.

99% 혼자서 한
동굴 파기

아저씨는 동굴 공사의 99%를 오직 혼자 힘으로 진행했다.

"처음에는 조금밖에 못 팠어요. 무서워서."

무너져가는 폐가를 매입해 복원을 하는 과정에서 집 뒤에 있는 산이 동굴을 팔 수 있는 지질이라는 사실을 알게 되었다.

'이 산을 그냥 두는 것보다 동굴을 파서 활용해보면 좋겠다.'

마음은 먹었지만, 실제로 파고들어가니 처음에는 무너져버릴 것만 같아서 덜컥 겁이 났다. 무서운 마음에 조심스럽게 조금씩 조금씩 파 들어갔다. 그런데 1년, 2년 하다 보니 무너지지 않는다는 확신이 들었다. 그때부터는 망설이지 않고 저돌적으로 파고들어가기 시작했다.

무려 철근 2톤과 시멘트 1,200포, 황토시멘트 20kg짜리 400포를 사용하며 8년이라는 세월을 바쳐 첫 동굴집을 완성했다. 전기 공사처럼 전문성이 필요한 부분을 제외하고는 모두 혼자서 작업했으니, 초보자의 의욕만으로 시작해 숙련된 기술자의 수준에 이르렀다.

동굴을 조성하는 과정은 단순히 땅을 파헤치는 일이 아니라 단단한 암반과의 싸움이었다. 무리하게 파고들 경우 안전사고로 이어질 위험이 컸다. 만에 하나라도 누군가 그를 따라서 동굴을 파겠다는 결심을 할까 봐 그는 항상 사람들에게 경고를 겸비한 조언을 한다.

"안전을 최우선으로 해야 합니다."

파고들어가다가 더 단단한 화강암 구간과 맞닥뜨리자 다이너마이트 사용까지 고려했다. 그러나 결국 자연의 거대함을 인정하고 물러섰다. 동굴을 직접 파겠다는, 저돌적이고 용감한 도전을 하지만 무모한 행동까지는 하지 않는 절제된 지혜가 있었기에 아름다운 한옥과 놀라운 동굴집이 함께하는 공간이 탄생한 것이 아닐까.

동굴 내부는 사계절 내내 20~21도의 일정한 온도를 유지하여 에어컨이나 히터가 필요 없다. 땅속 깊은 곳의 자연 에너지를 그대로 활용하기 때문에 친환경적이면서도 지혜롭게 생활을 해나갈 수 있다. 게다가 동굴 내부에 커다란 소나무를 두어 습할 때는 습기를 빨아들이고 건조할 때는 솔향을 내뿜는 자연 방향제 역할을 하도록 했다. 인위적인 것을 배제하고 자연이 주는 이로움을 최대한 활용하려는 삶의 철학이 엿보였다.

동굴에 적응한 아저씨는 이제 원래 살던 한옥으로 돌아가 사는 게 더 어색해졌다. 방문객들이 끊임없이 찾아오자 아내는 한옥으로 거처를 옮겼지만, 그는 외부 세계와 차단된 동굴의 고요함 속에서 진정한 평안을 찾았다.

"완성하고 보니 화장실이 필요해서, 이후에 화장실 공간을 따로 파서 만들었어요."

동굴집의 매력은 '필요하면 더 만들면 된다'는 데 있기도 했다. 가정집으로 사용하고 있는 동굴과 현재 파고 있는 다른 동굴을 연결할 계획도 있으니, 앞으로 동굴의 모습은 무궁무진하겠다는 짐작이 들었다.

1. 동굴을 파기 전 모습. 돌을 쌓아 파고들어 갈 동굴의 입구를 만들어놓았다.

2. 8년 동안 직접 동굴을 파서 3개의 동굴집을 만들었다.

3. 암반에 방수를 하고, 시멘트를 바른 후, 철근으로 단단하게 보강 작업을 하고, 황토를 3번 발랐다.

첫 번째로 만든 동굴은 생활공간으로 사용한다. 화장실, 주방, 침실 등 마치 집처럼 공간 구분이 되어 있고 살림을 갖추고 있다.

4. 동굴 3개 중 두 번째로 판 동굴은 첫 동굴에 비해 노하우가 생겨 장식장을 만드는 등 디테일이 살아 있다.

원래 번듯한 한옥집에 지냈지만, 지금은 동굴집에서 대부분 생활하고 있다. 원래 살던 한옥집 뒷마당에 3개의 동굴을 판 것이다.

36년 서울 생활을 정리하고
명당에 정착하다

서울에서 36년 정도 거주했던 아저씨는 처음에는 노후를 보내기 위해 고향 보성으로 내려갈 계획이었다. 한옥이 좋아서 지금 살고 있는 곳의 한옥을 뜯어 고향으로 가져가려 했으나, 여러 지관(地官)들이 '이곳이 고향보다 훨씬 좋은 명당자리'라고 입을 모았다. 아저씨는 그 조언을 받아들여 보성 읍내 가까운 이곳에 정착하게 되었고 현재에 이르른 것이다.

원래 이곳에는 총 7채의 폐가가 자리하고 있었다. 아저씨는 복원이 불가능한 건물은 뜯어내고, 나머지는 옛 모습을 정성껏 되살렸다. 주인이 살던 본채와 행랑채, 그리고 머슴채의 흔적까지 살려내며 사라져가던 옛집의 가치를 되찾는 데 헌신했다.

"한옥은 우리 선조들이 만든 굉장히 과학적인 집인데 젊은 세대가 살기 불편하다고 부수는 걸 보면 너무 안타까워요."

그는 한옥이 현대 보일러 시설을 갖추면 겨울에도 춥지 않고, 사계절 그 멋이 변치 않는 최고의 주거공간임을 입이 마르도록 칭찬했다.

정성껏 한옥을 가꾸어가던 그의 눈에 어느 날, 집 뒤 야트막한 산이 눈에 띄었고 동굴집의 역사는 그렇게 시작되었다.

'저 산을 뚫어 동굴을 만들어 보면 어떨까?'

보통 사람이라면 그냥 생각만 하고 실행하지 않았을 것이다. 하지만 그는 실행을 하였고, 그 노력은 8년이라는 시간 동안 이어져 결실을 맺었다. 대단한 집념이자, 행동력이다. 그의 삶은 낡은 것을 복원하는 끈기와 대자연과 교감하는 깊은 통찰이 빚어낸 한 편의 인문학적 가르침과 같이 느껴졌다.

'이건 불가능할 거야'
묻어두었던 꿈은 무엇인가요?

아저씨의 시골생활은 미완의 아름다움을 간직한 채 발전을 거듭하고 있다. 직접 동굴 3개를 만들고 찜질방도 만든 아저씨는 앞으로 미술관과 레스토랑도 열 계획에 있고 고차수나무 배양에도 힘쓰고 있다. 현재 파고 있는 동굴 중 일부는 와인 저장고로 활용하려 하고, 다른 동굴과 연결하여 와인 바를 만들 계획도 있다. 앞으로의 프로젝트에 관하여 들으며, 이 공간은 앞으로 또 어떤 모습으로 우리를 맞이할까 기대되었다.

아저씨와 이야기를 나누고 돌아가는 길에 알 수 없는 용기와 도전정신이 가슴 깊이에서 솟아났다. '이건 불가능할 거야'라고

‘이건 불가능할 거야’라고 생각하고
묻어두었던 바람도
조금씩 하다 보면 형체를 갖추고
어느 사이엔가 실체를 보일 것이라는
용기가 생깁니다.

생각하고 묻어두었던 바람도 조금씩 하다 보면 형체를 갖추고 어느 사이엔가 실체를 보일 것이라는 용기도 생겼다.

수백 년 된 고차수나무와 한옥, 그리고 동굴과 미술관 등이 어우러진 복합문화공간으로 완성하려는 아저씨의 계획은, 한 개인의 꿈이 지역의 가치를 높이는 원동력이 될 수 있음을 보여준다.

인간에게 커다란 울림을 주는 주거공간이란 무엇일까? 똑같이 생긴 아파트 건물에서 감동을 받는 사람은 거의 없다. 사람이 살기에 편안하도록 자연의 순리를 적재적소에 활용한 주거공간은, 인간도 자연의 일부로 살아간다는 삶의 이치를 일깨우며 큰 감동을 준다. 자신에게 가장 알맞은 진정한 명당은 스스로의 땀과 의지로 일구어낸 곳이 아닐까?

1만 3천 평
정원을 누리는 마음

방문을 거절당한 곳,

1만 3천 평 정원을 품은 집

나주에는 널리 알려져 있지만 숨겨져 있어 찾아가기는 어려운 명소가 한 군데 있다. 바로 죽설헌이다. 정원과 집에 관심이 있는 사람이라면 한 번쯤은 들어봤을 죽설헌에 오래전부터 꼭 가보고 싶었다.

촬영을 하고 싶다고 연락을 드렸으나, 보기 좋게 거절당했었다. 너무나 아쉬운 마음으로 낙담하고 있던 어느 날, 평소 알고 지내던 목수님이 죽설헌에 갔다가 우리 이야기를 꺼내셨다고 한다. 감사하게도 우리를 좋게 소개해주신 덕분에, 찾아갈 수 있었다.

어렵게 우리는 나주에 자리한 1만 3천 평 규모의 정원과, 시골집 죽설헌에 담긴 예술가의 시간과 철학을 들여다볼 수 있었다. 집의 정원이 1만 3천 평이라니, 축구장 6개를 합쳐놓은 크기다. 숲을 품은 집에 사는 상상만 하여도 가슴이 웅장해지는 기분으로 우리는 죽설헌에 들어섰다.

첫 만남부터 집주인의 모습은 범상치 않았다. 그는 40년 이상 한국화를 그려온 화가이자 50여 년 동안 정원을 가꾸어온 조경가였다. 단순한 주택을 넘어 자연과 예술, 삶의 지혜가 응축된 공간을 창조하려 무던히 애를 써왔음을 한눈에 알 수 있었다.

예술가인 그가 집을 짓기로 결심한 이유는 결혼 후 낡은 집에서 생활이 너무나 불편했기 때문이었다. 비가 오면 천장 아래에 물받이 대야를 대여섯 개 받쳐야 할 정도로 허름한 집을 떠나고 싶다는 마음이 간절했다. 아이를 낳으니 그 불편함은 도무지 참을 수 없는 지경에 이르렀다.

그의 나이 서른 살, 새로운 보금자리를 직접 설계하겠다 결심하였다. 당시에는 돈이 부족했기 때문에 군에서 지원하는 농촌주택 개량 자금을 받아 최소한의 비용으로 집을 지어야 했다. 돈이 없는 그에게 선택지는 별로 없었다. 직접 몸으로 부딪히고 중고 건축 자재를 활용하는 방식을 최대한 활용하였다.

예술가의 집안 곳곳은 예술품과도 같았지만, 놀랍게도 집을 구성하고 있는 많은 자재들은 당시 돈으로 1~2천 원에 사와서 활용해 만든 것들이었다. 우리는 집의 고즈넉한 마룻바닥에 마음을 홀딱 빼앗겼는데, 그 마룻바닥은 폐교에서 뜯어온 것이다. 보통이라면 수백만 원이 들 건축자재일 텐데 헐값에 사온 폐자재를 활용하여 품격 있는 모습으로 재탄생시켰다.

건축 과정에서는 아내와 자신이 목수들의 조수 역할을 자처하며 흙을 나르고 보조하는 등 온몸으로 집을 지었다. 돈을 절약하려는 현실적인 이유 외에도, 자신이 살 집을 직접 만들겠다는 장인 정신과 열정이 있었기에 가능한 일이었다. 건축업자에게 맡길 경우 평당 50만 원 정도 들었을 비용을 그 절반 수준인 30만 원 정도로 절감하여 집을 완성할 수 있었던 데는 온몸으로 부딪히고 꼼꼼하게 알아보는 바지런함이 숨어 있었던 것이다.

평소 줄자를 항상 가지고 다니는 치밀함, 메모와 기록은 필수

자기만의 공간을 꾸미고 싶다거나 집을 짓기 위해서 그가 필수라고 강조하는 두 가지가 있다. 바로 메모와 기록이다. 자기만의 공간을 가지고 싶다는 마음이 들었다면 어디를 가든 시선을 빼앗

실내에서도 숲을 감상할 수 있도록 큰 창을 내었다. 사면에 창을 가지고 있으면서도 집의 온기를 지킬 수 있도록 벽을 직접 디자인하고 난로를 설치하는 등 단열에 각별히 신경 썼다.

기는 장소나 물건이 반드시 있을 것이다. 사진을 찍어두는 것도 좋지만, 평소 줄자를 가지고 다니면서 정확한 크기를 알아두는 치밀함이 필요하다고 그는 조언한다.

집을 짓겠다는 결심이 생겼을 때, 그는 어디를 가든지 항상 줄자를 가지고 다니며 마음에 드는 창 높이나 천장 높이를 직접 측정하고 메모하였다. 멋들어진 창문, 센스 있는 문고리가 눈에 뜨이는 즉시 모두 카메라로 찍고 크기를 재서 기록한 후, 이 자료들을 건축사에게 전달하여 자신의 생각을 최대한 반영한 설계를 얻어

냈다.

이러한 치밀함은 사면에 커다란 창을 가지고 있으면서도 집의 온기를 지키는 데 큰 몫을 했다.

"서향집에 살아봤는데 너무나 불편했어요. 여름에 덥고 겨울에는 추웠거든요. 새로 짓는 집은 반드시 남향으로 지어야겠다고 결심했었죠."

당시 단열에 미흡했던 한계를 보완하기 위해 직접 디자인한 벽난로를 설치하여 겨울 추위를 이겨내는 지혜도 발휘했다. 덕분에 커다란 창을 내어 실내에서 너른 정원의 숲을 감상하면서도, 뜨끈한 온기 또한 잃지 않을 수 있었다.

그는 집은 두세 번 지어봐야 자신이 바라는 완벽에 가까워진다고 조언한다.

"처음부터 절대로 완벽하게 되지 않아요. 저질러보세요."

50년에 걸쳐 담은
한국의 자연 존중 사상

가장 놀라운 점은, 죽설헌의 소나무 숲을 포함하여 현재의 1만 3천 평 정원은 한 평 한 평 손수 일구기 시작해서 50여 년에 걸쳐

사면이 숲으로 둘러싸인 환경을 최대한 활용하고자 바깥의 경치를 집 안으로 끌어들이는 대형 창들을 설계했다.

1만 3천 평의 정원을 품은 시골집 죽설헌은 어느 화가의 50년에 걸친 땀과 예술혼, 그리고 한국적 자연 존중 사상이 깃든 공간이다.

조성된 정원이라는 점이다. 정원을 만드는 데 많은 고생이 있었으나, 이제는 어느 정도 수준에 올라 스스로 알아서 운영되는 단계에 이르렀다고 그는 겸손하게 말했다.

주인의 정원 철학은 확고했다. 그는 우리나라 정원의 95% 이상이 일본식 정원(자연 축소)이거나 서양식 정원(자연 정복)인 현실을 지적하며, 자신의 정원은 한국식 정원의 자연 존중 정신을 따른다고 강조한다.

"일본식 정원이 자연을 작게 압축한 축소의 형태이고, 서양식 정원이 자연을 다스리려는 정복의 산물이라면, 우리 한국의 정원은 자연을 향한 온전한 존중입니다. 나무가 제 결대로 자라나도록 인위적인 가위질을 삼가고 그저 묵묵히 기다려주는 것이지요. 숲은 정복의 대상이 아니라 그 품에 들어가 함께 숨 쉬는 공간이기에, 저는 나무를 심은 뒤 그저 가만히 놔두었습니다."

그는 정원을 애써 관리하는 데 힘을 들이기보다 나무들이 스스로 자라도록 내버려 두는 자연 존중의 태도를 견지한다. 이러한 철학은 집의 구조에도 반영되어, 사면이 숲으로 둘러싸인 환경을 최대한 활용하고자 바깥의 경치를 집 안으로 끌어들이는 대형 창들을 설계했다. 또한 남북으로 일직선의 창을 내어 여름철 문을 열어두면 바람이 자연스럽게 통하게끔 설계하는 등, 자연의 혜택을 그대로 이용하려는 건축적 고민이 엿보인다.

수백 년 후까지 이어지는
문화유산을 향하여

예술과 자연의 결합이라는 아이디어는 그가 15년 전 프랑스 지베르니 정원을 찾아갔던 경험에서 비롯되었다. 모네는 빼어난 작품을 남긴 예술가이면서 동시에 정원에 정성을 쏟았던 정원사이기도 했다. 단순히 꽃을 심고 가꾸는 수준을 넘어 화가로서의 미적 감각을 발휘해 정원을 설계하였고, 모네가 가꾼 지베르니 정원은 지금도 보존되며 매년 수많은 관광객이 찾는 명소가 되었다. 모네의 정원을 보고 그는 자신이 죽고 난 후에도 이 정원이 나주의 조그마한 얘깃거리가 될 수 있겠다는 소망을 가졌고, 그때부터 정원 조성에 전념하게 되었다.

너른 정원을 품고 있는 죽설헌의 미래에 대한 계획 또한 확고했다. 이 공간은 영원히 소유할 수 없기에, 가족회의를 거쳐 자식에게 물려주지 않고 공공의 것으로 남기기로 결정했다. 그는 그곳에 함께 지내며 뜻을 펼칠 수 있는 건강한 생각을 가진 파트너를 찾고 있었다.

파트너의 조건은 단지 상행위를 하지 않을 것과 5대 5의 권한으로 함께 운영하여 재단을 설립하는 것이다. 궁극적으로 국가나 행정에 기부하여, 담양 소쇄원처럼 수백 년 후에도 많은 사람이

"내가 사라지고 난 뒤에도
이야깃거리가 되는 공간을 꿈꿉니다"

프랑스 노르망디 지역의 지베르니에 위치한 모네의 정원.
죽설헌의 주인은 이 정원에서 영감을 받아
예술과 자연이 결합된 공간을 가꾸기 시작했다.

찾는 나주의 문화유산으로 남기고자 하는 염원이 담겨 있다.

1만 3천 평의 정원과 시골집 죽설헌은 어느 화가의 50년에 걸친 땀과 예술혼, 그리고 한국적 자연 존중 사상이 깃든 공간이다. 돈이 아닌 철학으로 지은 집, 자연을 통제하는 대신 존중하는 한국식 전통정원은 자연의 섭리에 따라 정원을 가꾼다는 것의 참된 의미와 태도를 몸소 보여준다. 개인의 영역을 넘어 공공의 가치를 품고, 다음 세대로의 아름다운 기부를 준비하고 있는 이곳의 미래가 더욱 궁금해진다.

400년간 부와 명예를 지킨
부잣집의 비밀

조선 3대 부잣집

경주 최 부잣집으로 초대합니다

"400년 된 집에서 사는 기분은 어떨까요?"

춥고 불편할 거라는 대답을 준비하고 있었다면, 질문을 바꿔
보겠다.

"400년 된 그 집이 여의도 면적 정도의 땅을 소유한 조선 3대
부잣집이라면?"

상상력이 조금 달라지기 시작할 것이다.

조선의 3대 부자이자 대한민국 최고 명문가 중 하나로 꼽히는
경주 최 부잣집에 초대를 받아 방문하는 날이었다. 경주 최 부잣

집으로 잘 알려져 있는 경주 최 씨 가문은 막대한 부를 축적하기도 하였지만 도덕적으로 깨끗한 데다 독립운동 자금으로 1,000억 원을 들일 만큼 배포가 크고 국가에 이바지한 바가 많은 가문이기도 하다. 그런 집에 초대를 받아 가니 마음이 절로 정갈해졌다.

400년의 세월을 견뎌온 고택(古宅) 충의당(忠義堂)은 임진왜란과 병자호란 때 큰 공을 세운 무신(武臣) 정무공 최진립(崔震立) 장군의 종택이자, 경주 최 부잣집의 뿌리가 되는 집안의 본가다. 한 시대를 풍미했던 영웅의 후손들이 대대로 살아온 집에는 화려한 위용 대신, 겸손과 절제, 그리고 나눔이라는 숭고한 가치가 단청처럼 깊이 배어 있었다.

대문에서부터 배우는
절제의 미덕

충의당은 입구인 대문채에서부터 이 집안의 철학이 확연히 드러난다. 그리고 한옥의 건축을 잘 아는 사람이라면 의아해한다.

"왜 대문이 솟을대문이 아니지요?"

정계의 지위가 높고 저명한 인물의 집이라면 으레 말을 탄 채 드나들 수 있도록 지붕을 높게 만든 솟을대문을 사용했지만, 충의당의 대문은 평범한 일반 대문이다.

집의 얼굴이라고 할 수 있는 대문에서부터 스스로를 낮추고 허례허식을 지양했던 가풍을 느낄 수 있다. 솟을대문은 건축비도 많이 들고 위세를 과시하는 경향이 있었지만, 이 집안은 '보이는 화려함보다 내면의 덕을 중시한다'라는 무언의 가르침을 수백 년 동안 지켜왔다. 대문 위에 새겨진 당호(堂號)인 충의당의 문양이 이 집안의 정신적 구심점을 보여준다.

'과거를 보되 진사 이상은 하지 마라. 재산은 만석 이상 지니지 마라. 과객(손님)을 후하게 대접하라. 흉년기에는 땅을 사지 마라. 며느리들은 시집온 후 3년 동안 무명옷을 입어라. 사방 백 리 안에 굶어 죽는 사람이 없게 하라.'

이러한 내용을 담은 여섯 가지 행동 지침인 육훈(六訓)은 경주 최 부잣집이 수백 년 동안 부를 유지할 수 있었던 핵심 비결이라 일컬어진다. 현대 경영학에서도 지속 가능한 경영과 리스크 관리의 표본으로 꼽힌다. 육훈은 지금도 고택에 가훈으로 남아서 검소와 절제의 미덕을 대대로 가르치고 있다.

육훈 가운데 '과객을 후하게 대접하라'는 가르침에 얽힌 이야기가 참 재미있고도 지혜로웠다. 조선시대에는 호텔이 있는 것도 아니니, 지나가는 나그네들이 머무를 곳이 필요했다. 그러한 나그네들에게 최 부잣집은 아끼지 않고 후하게 대접했다. 그러면 나그

국난이 있을 때마다 나이를 잊고 전장으로 뛰어나가 헌신한 최진립 장군[1568년(선조 1년)~1636년(인조 14년)]의 동상.

옛 대관집에서는 으레 대문을 한껏 높여 솟을대문으로 지었지만 스스로를 낮추고자 했던 최 부잣집은 대문을 낮은 지붕으로 지었다.

네들은 답례로 전국을 돌아다니며 얻은 정보를 기꺼이 최 부잣집에 나누어주었고, 한양에 돌아가서는 "최 부잣집에서 좋은 대접을 받았다"라며 널리 알리기도 했다.

그로 인해 최 부잣집의 평판은 좋아지기도 했지만, 더욱 지혜로운 부분은 따로 있다. 왕조 사회에서는 누군가 음해를 하게 되면 하루아침에 집안이 무너질 수 있다. 그러한 사회적 분위기에서 최 부잣집은 나그네들을 후하게 대접함으로써 오래도록 좋은 평판을 유지하면서도 음해를 방지할 수 있었다.

400년 동안 부와 명예를 일구어나갈 수 있었던 데는 저변에 깔린 오랜 노력과 지혜가 있었던 것이다.

시간을 이기는 건재함의 비결
조상들의 과학적 건축 원리

400년 된 드넓은 고택을 지키는 일은 지난한 노동의 연속이기도 하다. 나무로 지어진 한옥은 화재와 흰개미라는 두 가지 천적과 끊임없이 싸워야 한다. 특히 아궁이를 막아버린 현대에 와서는 습기와 화재 위험이라는 딜레마를 안고 있다. 아궁이를 사용하면 그 열로 벌레나 곰팡이를 방지하는 효과가 있는데, 아궁이를 막아버리면서 습기가 차고 곰팡이가 번식하는 문제가 발생하기 때문이다.

특히 한옥에서 가장 걱정하는 것은 화재다. 한 번 불이 붙으면 손 쓸 새도 없이 불이 퍼진다.

"한옥은 거대한 성냥개비라고 생각하시면 돼요."

집을 안내해주던 이 집안의 후손은 한마디로 화재의 위험성을 단박에 알려주었다. 이러한 불편함에도 불구하고 충의당을 가꾸고 보존하고자 하는 후손의 눈빛과 의지는 결연해 보였다. 충의당의 건축 구조가 얼마만큼 대단한 사회상과 문화적 지혜를 품고 있는지 설명하는 그의 한 마디 한 마디에는 자부심이 묻어났다.

경주에는 2016년과 2017년에 대지진이 있었다. 이때도 집은 무너지지 않고 굳건히 버텼다. 과학적인 건축 원리가 숨어 있었던 덕분이다. 지진이라는 거대한 자연재해 앞에서도 건재할 수 있는 조상들의 과학적 건축 원리를 집은 고스란히 품고 있다.

고택에 가보면 사랑채가 대부분 남향이라는 것을 알 수 있는데, 여기에도 과학적 원리가 숨어 있다. 남향으로 지어 일조량을 확보하고 건조에 강할 수 있도록 도모한 것이다. 나무로 지은 집은 습기에 취약하므로, 남향을 통해 햇볕을 충분히 받아야 오래 보존될 수 있다. 또한 아래쪽에 기단(基壇)을 높이 쌓아 일조량을 극대화했던 옛 건축가들의 지혜는 그야말로 현대 과학을 초월하는 기

최 부잣집의 고택 충의당은 현재 한옥스테이로도 사용되고 있어, 400년 된 고택에서 하룻밤을 묵어보는 귀한 경험을 해볼 수 있다.

한 채에 120만 원이 넘는 비단이불이 편안한 잠자리를 제공한다.

술이 아닐까.

이처럼 과학적 원리가 담겨 있지만, 한옥에서 잠을 잘 때는 특유의 불편함이 있다.

"딱딱한 바닥에서 잠을 잘 때 허리가 아픈 것만큼은 어쩔 수 없지 않나요?"

우리의 질문에 후손은 웃으며 우리를 메인 객실로 안내했다. 이 집의 메인 객실인 흠흠당에는 고가의 비단이불이 놓여 있다. 이불 한 채에 120만 원이 넘는다. 값비싼 이불을 놓는 이유는 단순히 호화로움을 보이고자 함이 아니다. 과학적 지혜로 해결하지 못하는 불편한 문제를 배려와 정성으로 채우고자 함이다.

"좋은 이불에서 자면 바닥에서 자도 허리가 아프지 않아요."

주인집 할머니의 말씀에서 건강을 위한 믿음과 배려가 돋보였다. 사람을 향한 정성과 편안함을 최우선으로 여기는 종가의 접대 정신을 보여준다.

경주 최 부자댁의 고택은 현재 한옥 스테이로도 운영되고 있다. 고귀한 과거와 현재를 잇는 복합문화공간에서 문화 체험을 할 수 있는 것도 좋은 경험이지만, 무엇보다도 이곳에서 묵는 경험이 귀중한 이유는 노블레스 오블리주의 한국적 표본이라고 할 수 있는 경주 최 부자댁의 철학을 생각해볼 수 있는 기회가 되기 때문이다. 이곳에서의 하룻밤은 단순히 고풍스러운 공간에서 지내보는 경험을 넘어, 수백 년을 이어온 고결한 정신의 한 자락에 머물러보는 귀한 시간이 될 것이다.

고택 앞마당에 서서 집을 바라다본다. 400년 동안 부를 유지하다 마지막에는 전 재산을 독립운동과 교육에 바친 경주 최 부자댁의 철학과 겸손, 지혜와 나눔의 정신을 숭고히 지키며 전하고자 하는 후손들의 깊은 마음이 전해지는 듯하다.

제3장

20대부터 60대까지 시골에서 인생을 다시 쓴 사람들

모두의 만류를 돌파하고
남해로 가다

24살의 젊은 시선,

콘셉트의 명확함이 이끄는 성공

"이런 촌구석에 누가 찾아오겠어. 괜한 일 벌이지 마!"

김지영 씨가 할아버지가 살던 남해로 가서 오래된 시골집을 되살려 사용하겠다고 했을 때 주변 사람 모두가 반대했다. 약속이나 한 듯 너나 할것 없이 만류하고 부정적인 목소리를 쏟아냈다.

그러나 안 좋은 소리를 모두 들어가면서도 지영 씨는 밀어붙였다. '하면 될 것'이라는 확신이 있었기 때문이다. 그녀의 나이 24살 때였다.

주변의 우려에도 불구하고 자신의 신념으로 밀어붙인 결과는 아주 성공적이었다. 시골에 있는 집을 단장하고 난 뒤로 입소문이 하나둘 나더니 KBS 방송에 출연하고, 유명 연예인이 방문하였으며, 단편 영화 촬영지로 선정되는 등 큰 관심을 받고 있다.

시골이 주는 옛 느낌 그대로를 유지하고 체험 공간으로서 전달하겠다는 명확한 콘셉트가 있었기에 가능한 일이다. 시간을 거슬러 올라가는 시골 체험 공간으로서의 가치를 인정받은 것이다.

할아버지 집은 원래 지영 씨의 가족이 10년 전 매매해 주말이면 찾고는 하던 곳이었다. 그러나 할아버지가 돌아가신 후 5년 동안 사람의 손길이 닿지 않은 채 폐가처럼 변해갔다. 그때, 가장 나이가 어린 손녀인 지영 씨가 이 집을 살리겠다는 아이디어를 냈다.

지영 씨는 자신이 발견한 가치에 대한 믿음이 얼마나 강력한 동력이 될 수 있는지를 실천으로 보여주었다. 세상의 일반적인 기준이나 다수의 의견보다, 자신만의 분명한 비전을 따라 나아가는 것이야말로 진정한 용기이자 지혜임을 행동으로 증명한 것이다.

세상은 빠르게 변화하고 새로운 것은 날마다 쏟아진다. 그 가운데 무엇을 취하고 무엇을 버릴 것인가 판단하고 선택하여 행동으로 옮기는 일이야말로 진정 삶에서 중요하다. 지영 씨는 낡고 오래된 것이 발휘하는 가치를 보았고 그것을 자기만의 시선과 콘셉트로 영민하게 풀어내었다. 오래된 전통을 지키면서도 그것을 어떻게 현대의 욕망과 연결할 것인가 정확히 간파하고 실행으로 옮겼기에 성공할 수 있었다.

오래된 전통을
어떻게 현대의 욕망과 연결할 것인가?

남해 시골에 체험 공간을 만들고자 마음먹었을 때부터 지영 씨는 옛 모습을 거의 그대로 보존했다. 외부는 그대로 살리고, 실내만 이용하기 편하도록 현대식으로 꾸몄다.

그러한 결정은 돈이 없기 때문에 한 선택이기도 했다.

"대학 졸업하자마자 시골에 와서 일을 하다 보니까 투자할 만한 비용이 적었어요. 새로운 걸 넣기는 부담이 돼서 기존의 것들을 살렸어요. 레트로한 느낌을 살리고 싶은 마음도 컸고요."

보통 사람이라면 돈이 없기 때문에 이것도 못 고치고 저것도 못 고친다며 불만을 쏟아내기 십상이다.

그러나 '투자할 돈이 없으니까 기존의 것을 최대한 멋들어지게 살린다'라는 관점으로 접근하니 오래된 것의 가치가 오히려 더욱 빛을 발하게 되었다. 새로움만이 능사가 아님을, 오래된 것의 가치를 알아보는 것이야말로 진정한 안목임을 배울 수 있었다.

"마을 분들이 우물 있는 집이라고 부르세요."

특이하게도 집 안에 우물이 있었는데, 그마저도 없애버리지 않고 소중하게 간직해두었다. 옛 마을에서 우물은 단순히 물을 얻는 곳 이상의 의미를 지녔다. 마을 공동체의 심장이자 모든 소통과 교류가 시작되는 중심 공간이었다. 농사나 살림에 대한 유용한 정보가 오가고 마을 전체의 기쁨이 퍼져나가던 우물이 있는 이 집이 마을에서 중심 역할을 톡톡히 해왔기에 함부로 무너뜨리거나 고치지 않고 소중히 보존하면서 가꾸어나가는 마음이 참 예쁘게 느껴졌다.

지영 씨가 단장한 시골집에는 곳곳에 레트로 감성이 가득하다. 주방의 싱크대는 문짝을 떼어 상부장으로 활용하고, 냉장고와 낡은 장판까지 그대로 두어 옛 정취를 물씬 풍긴다. 시계나 스피커 같은 소품들은 전파사 할아버지와 친분을 쌓아가며 어렵게 구한 것이다. 짱짱하게 살아있는 옛 나무 기둥에는 니스칠을 하고 수시로 보수하여 건축물이 시간을 지탱하게 했고 서까래도 교체하지 않고 옛것을 그대로 두었다.

단순히 유행하는 레트로를 좇는 것이 아니라, 할아버지와 가족의 추억, 그리고 건물이 품고 있는 역사를 고스란히 손님들에게 전달하려는 진정성 있는 노력이 엿보였다.

텃밭에서 제철 채소를
직접 따서 먹는 작은 경험만으로도
놀랍게도, 도시 생활에서 지친 마음에
소소한 행복과 치유가 된다.

"시골에서는 곳곳이 경험할 거리구나."
자연 속에서 비로소 온몸이 깨어난다.

수고로움을
기꺼이 감수하는 마음

어떤 가치를 지키기 위해서는 끊임없는 수고와 헌신이 필요하다. 사람과의 관계에서도 마찬가지다.

"마을 주민회의에 가서 어르신들과 함께 고기도 구워 먹고 빵도 먹어요. 제가 손녀뻘이라 친절하게 챙겨주세요."

정겨운 이웃들과 소통하며 얻는 기쁨이 참 크다며 지영 씨는 환하게 웃는다. 공간과 컨셉의 본질을 지켜내며 맞딱뜨리는 힘든 일도 있지만 "많은 사람에게 이 좋은 공간을 나눠보자"라는 초심을 잊지 않는다. 솥뚜껑에 삼겹살을 굽고 솥에 라면이나 백숙을 끓여 먹는 소박한 즐거움을 나눈다. 텃밭에서 자란 각종 채소를 직접 따서 먹는 작은 경험만으로도 도시 생활에 지친 이들에게 소소한 행복과 치유를 선사한다.

"시골에서는 곳곳이 경험할 거리구나."

어른들은 옛 추억에 젖어드는 동안 어린아이들은 물놀이의 즐거움에 흠뻑 빠져들 수 있도록 한편에는 대형 풀장을 마련해두었다. 트렌드를 잘 파악하고 시골집만의 멋이 빛을 발할 수 있도록 이끈 감각이 대단하다.

200평에 달하는 넓은 부지와 안채와 사랑채 두 채의 건물을 유지하는 것은 결코 쉬운 일이 아니다. 꽃에 물을 주는 데만 한 시간이 걸리고, 하루가 멀다 하고 고칠 부분이 생겨난다. 문풍지 구멍이 나면 티가 나지 않도록 직접 보수하고, 마당의 돌담이 트랙터에 묻히면 다시 복원하는 지속적인 노동과 애정이 필요하다. 진정한 보존은 완성된 모습이 아니라 끊임없이 돌보는 과정 자체에 있음을 젊은 나이에 이미 깨달았기에 기꺼이 즐겁게 할 수 있는 것일 테다.

외적으로 화려하다고 해서 끌리는 것이 아니다. 명확한 정체성과 진정성을 세상과 사람들은 놀랍도록 잘 알아본다. 자기만의 색깔과 철학을 고수할 때, 세상은 비로소 그 가치를 인정하고 기꺼이 비용과 시간을 들여 찾게 된다는 성공의 지혜를 발견하게 된다.

100년 된 제주 돌집을 만나고
퇴사를 결심하다

15년 다닌 대기업을 그만둔
직장인의 결단

제주의 동쪽, 평대리에 비바람이 몰아친다. 육지의 비와 달리 제주의 비는 하늘에서 내리지 않고 옆에서 때린다. 제주 바다에서부터 불어오는 비바람을 뚫고 골목길에 접어들 때쯤, 단단하고 단아한 돌집 한 채가 눈앞에 보인다.

한 사람의 인생을 송두리째 뒤바꾼 이야기를 품고 있는 돌집이다. 이야기는 15년 차에 접어든 어느 직장인의 결단에서 시작된다. 그는 15년 동안 쌓아 올린 안정적인 커리어와 도시에서의 삶을 허름한 제주 돌집을 마주한 지 단 3개월 만에 미련 없이 던져

버렸다.

주변 사람들은 하나같이 물어왔다.

"도대체 왜?"

하지만 그는 대답 대신 짐을 쌌다. 투박하게 지어진 100년 된 돌집을 쓰다듬으면 겉으로 보기보다 훨씬 더 거친 감각이 손끝 마디마디마다 전해졌다. 거친 돌을 다듬지 않고 그대로 쌓아 올린 담장은 바람이 지나가는 길을 내어주고 있었고, 그 사이를 지날 때면 돌담 사이 구멍으로 자연의 소리가 들려왔다.

제주는 단순히 아름다운 섬이 아니다. 거친 파도와 바람, 뜨거운 용암으로 만들어진 강인한 자연의 섬이다. 거센 바람의 방향대로 몸을 누인 나무에는 바람을 견뎌낸 단단한 시간이 담겨 있고, 육지의 매끄러운 돌과 달리 제주의 칠흑같이 검은 화강암은 묵직하고 강렬한 존재감을 뿜어낸다.

100년 동안 제주의 거센 바람을 견딘 집이다. 집을 지탱하던 나무 기둥들은 세월의 무게를 이기지 못해 비스듬히 뒤틀려 있었다. 하지만 그의 눈에는 그것은 그것대로의 멋을 지니고 있었다.

"그냥 밀어버리죠."

전문가들은 주저 없이 이야기했다. 낡은 것을 부수고 새것을 올리는 것은 도시에서 익히 겪어왔던 자본주의의 법칙이다. 하지만 그는 고개를 가로저었다. 뒤틀린 기둥을 허무는 대신, 기둥이 쌓아온 시간을 어루만지기로 했다.

기울어진 집을 바로 세우는 수평 잡기 작업은 새로 짓는 것보다 몇 배는 더 고단한 일이다. 전문가들이 마다한 것도 무리는 아니다. 그럼에도 그는 기둥의 수직을 바로 잡고, 썩은 부위를 도려내어, 새 나무와 단단하게 맞물려 온전히 서 있게 하는 방식을 선택했다.

무너질 것 같던 집을 복구하겠다는 사람들의 결단과 과정을 들여다보고 있자면, 이런 생각이 들고는 한다. 무너져가는 집을 바로 세우는 일은 단순히 집을 고치는 작업이 아니라고 말이다. 그 과정에서 사람들은 균형을 잃어버린 자신을 본래 있어야 할 자리로 되돌려놓는 것이 아닐까. 도시의 소음 속에서 빛바랜 마음의 한구석을 도려내고 헌나무와 새나무가 서로를 맞들어 다시 탄탄한 기둥이 되어 집을 받치듯, 자신의 삶의 중심도 다시 세우고 싶은 것일 테다.

**단점인 줄 알았는데
사실은 가장 큰 장점이었다**

우리는 종종 낡은 것들을 쉽게 포기하고 버리려 한다. 물건이

● 슬레이트 지붕을 철거하고 강판을 이어 지붕을 만들었다.

1. 슬레이트 지붕*으로 덮여 있었다.

2. 슬레이트 지붕은 철거하고, 기울어진 기둥은 바로 세우는 보강 작업을 진행했다.

3. 근래 제주도 등지에서 자주 볼 수 있는 형태의 지붕인데, 이 집은 강판을 이어 다소 독특한 형태로 멋드러지게 마감했다.

* 슬레이트 지붕: 슬레이트는 1급 발암물질인 석면과 시멘트를 섞어 만든다. 시간이 지나 삭으면 쉽게 부서지는데, 이때 공기 중에 석면 가루가 날리기 쉽고 이는 건강에 해롭다. 열전도율이 높은 데다, 틈새로 물이 스며들기 쉽다. 지자체에 따라 석면 슬레이트 철거 지원사업을 펴기도 하므로 철거 시 비용을 절감할 수 있다.

● 두 칸짜리 창고를 철거하고 수영장을 만들어 즐길 수 있도록 했다.

1. 온갖 물품들을 보관하여 여수선한 데다 습기로 인해 곰팡이가 피어 있던 창고.

2. 창고를 수영장으로 바꾸기로 결정했다. 조적을 쌓고 타일로 마감을 했다.

3. 수영장 외벽을 투명하게 만들고 천장을 뚫어 창을 내었다.

4. 창고로 쓰던 공간이 수영과 영상을 즐길 수 있는 공간으로 재탄생했다.

든, 관계든, 혹은 나 자신의 과거이든 말이다. 하지만 뒤틀린 것은 바로잡으면 되고, 낡은 것은 닦아내면 된다.

집을 고치면 많은 것을 배울 수 있다. 단점인 줄 알았던 것이 사실은 가장 큰 장점이 될 수 있다는 사실을 집이 세워진 땅을 뒤엎으며 배우기도 한다. 집이 위치한 곳은 지대가 낮아 자칫하면 물이 고일 수 있는 땅이었다. 하지만 땅을 파보니 그 아래는 물 빠짐이 좋은 마사토였다. 단점인 줄 알았던 것이 사실은 이 땅의 가장 큰 장점이었던 것이다.

게다가 바닥을 깊게 파낼수록 땅속에서는 수많은 현무암이 쏟아져 나왔다. 마당에서 수많은 돌이 나오면 그것 또한 처리하는 데 비용이 들어간다. 아무데나 버릴 수 없기 때문이다. 보통 사람이라면 그 돌들을 폐기물이라며 돈을 주고 버렸겠지만, 그는 그것들을 하나하나 주워 마당의 담장으로 쌓아 올렸다. 땅에서 나온 돌이 다시 그 땅을 지키고 제주도의 거센 바람을 막아주는 울타리가 된 것이다.

내 발목을 잡는다고 생각했던 장애물들, 내 깊은 곳에 묻혀 있던 울퉁불퉁한 콤플렉스들이 사실은 나를 가장 안전하게 지켜줄 단단한 재료였음을 이 돌담은 말해주는지도 모른다. 버릴 것은 아무것도 없다. 제자리를 찾지 못했을 뿐이다.

제주 바람에게 배우는
겸손의 미학

제주의 바람을 대하다 보면 겸손의 미학을 되새기게 된다. 제주 지붕의 처마는 유독 짧다. 육지의 한옥처럼 처마를 길게 빼 멋을 부리면, 제주의 칼바람에 지붕이 통째로 날아가 버리기 때문이다. 욕심을 내어 더 가지려 하면 모든 것을 잃게 된다는 자연의 준엄한 가르침이다. 그래서 이 집은 납작 엎드려 바람을 흘려보낸다. 맞서 싸우는 것이 아니라, 비켜서서 공존하는 법을 택했다.

18평 남짓한 좁은 집이지만, 좁은 공간을 넓게 쓰는 비결은 관점의 전환에 있었다. 보통의 집들은 거실을 중심으로 방을 배치한다. 그러나 이 집은 과감하게 거실을 전면으로 길게 배치했다. 시선을 가로로 확장하니 좁은 집은 마치 30평도 되어 보였다.

여기에 숨겨진 작지만 위대한 지혜가 있다. 바로 문마다 달려 있는 작은 고정 핀이다. 바람이 많은 제주에서는 문을 열어두면 쾅 하고 닫히기 일쑤다. 그래서 문을 열었을 때 흔들리지 않게 잡아주는 작은 걸쇠를 달아두었다.

우리 삶에도 이런 고정 핀이 필요하지 않을까. 세상의 풍파가 몰아칠 때, 내 마음의 문이 닫히거나 부서지지 않도록 단단히 잡아주는 무언가가 말이다. 그것은 15년 근속한 직장을 그만둘 수 있는 용기일 수도, 낡은 돌집의 가치를 알아보는 안목일 수도, 혹은 사랑하는 가족일 수도 있다. 그 작은 핀 하나가 집을 지키듯, 사소한 신념 하나가 우리를 지탱한다.

15년간 쌓아온 시간을 벗어던지고 나를 찾아 떠난 어느 직장인은 비바람이 부는 날 돌담집에서 비로소 자신의 인생에 행복이란 어디에 있는가 답을 내지 않았을까. 돌은 늙지 않고, 바람은 머물지 않듯이 우리들의 삶도 흘러간다는 단순하지만 명징한 깨달음을 얻었을 것이다.

낡은 것을 사랑할 줄 아는 마음, 단점을 장점으로 승화시키는 지혜, 그리고 바람 앞에서 고개를 숙일 줄 아는 겸손. 이 작은 돌집이 가르쳐준 행복의 비밀은 먼 곳에 있지 않다. 바로 우리 마음속에 이미 묻혀 있을지도 모른다. 우리는 다만 그것을 찾아 꺼내기만 하면 될 일이다.

기존 돌집의 장점을 살려서 수리하느라 비용이 1.5배 정도 더 들었다.

옛집의 장점만을 살려 현대적인 감각과 조화를 이루도록 했다. 침실에서 눈을 뜨면 현무암 돌담 풍경을 한눈에 담을 수 있다.

90년 고택에 스며든
젊은 기획자의 감각

문화유산을

매매할 수 있다고?

국가에서 문화재로 지정한 국가문화유산을 일반인이 매매해서 거주할 수 있을까? 매매와 거주를 할 수 있을 뿐만 아니라 놀라운 가능성으로 확대할 수도 있다. 20대에 그녀가 문화재를 매매해 복합문화공간으로 만들었듯이 말이다.

집주인을 처음 만나던 날, 우리는 깜짝 놀랐다. 국가민속문화재에 거주하는 분이라 당연히 나이가 지긋한 어르신일 줄 알았는데 30대 초반의 여성 분이었다. 벌써 몇 해째 문화재에서 살고 있단다. 전국 시골로 다니면서 많은 사람들을 만나며 웬만큼 편견을 깨뜨리고 있다 생각했는데, 아직 더 나아가야 하겠구나 깨닫게 되는 순간이었다.

"집을 본 지 3일 만에 구매를 결정했어요."

오래된 문화재에 거주하겠다는 쉽지 않은 결정을 어떻게 그렇게 빠르게 내릴 수 있었을까? 고즈넉함이 주는 안정감이야 물론 있겠지만, 매일매일 겪어야 하는 생활의 문제로 오면 고즈넉함은 더 이상 낭만으로만 다가오지는 않는다. 겨울에는 춥고, 최신식 가전과 가구를 들여 놓기도 곤란하며, 문화재이기 때문에 함부로 뜯어 고치지도 못하기 때문이다.

이 모든 불편을 마다하고도 왜 이 시골집에서 살겠다고 결심했을까?

**문화재에서 매일매일 생활한다는 것,
양참사댁과의 운명적 만남**

화순군 도곡면에 자리한 이 고택은 과거 '양동호 가옥'으로 불렸으나, 전국적인 문화재 명칭 변경 사업을 거쳐 현재는 '양참사댁'이라는 이름을 갖게 되었다. 이 이름은 집을 처음 지었던 양 씨 성을 가진 인물의 직함(참사직)에서 유래한 것으로, 문화재로서의 본래 가치를 되찾으려는 노력의 일환이었다.

이 집은 대대로 이어져 왔으나, 후손들이 해외에 거주하면서 홀로 사시던 할머니가 돌아가신 후 몇 년간 비어 있었다. 빈집으로 남아 있던 이 문화재를 우연히 발견한 젊은 기획자가 매매를 통해 이곳에 거주하게 된 것이다. 이는 후손들이 관리하기 어려운 문화재를 국가가 아닌 개인이 매매하여 거주하는, 전국적으로도 매우 드문 사례다. 개인 소유의 문화재는 매매할 수 있기에 가능한 일이었다.

문화 기획을 전공한 젊은 기획자인 주인은 전국을 다니며 자신의 아이디어를 펼칠 수 있는 장소를 찾아 다니던 참이었다. 그러다 운명처럼 이곳까지 이르게 되었다. 일반 가옥이 아닌 전통 가옥을 선택한 것은, 문화재 매매가 가능하다는 사실을 알게 된 후 이 고유의 가치를 자신의 전문성과 접목하여 대중에게 알리고 싶다는 생각 때문이었다.

그녀가 이 집에서 살겠다고 결심하고 실행했던 당시 나이는 20대 중후반이었다. 지금은 서른다섯이 된 그녀는, 이곳에 들어올 때부터 어렵다는 생각을 했더라면 아마 오지 못했을 것이라고 말한다. 그저 "이 집이 멋있다"라는 생각으로 별다른 생각 없이 왔지만, 실제로 관리가 쉽지 않은 것이 현실이었다. 그럼에도 불구하고 이 공간만이 주는 기쁨이 너무나도 크기에 매일 만족하며 생활하고 있다.

원형 보존과 현대적 삶이
공존하는 곳

"오랫동안 빈집으로 있었어요. 게다가 그전에도 연로한 할머니 한 분이 사셨기에 관리가 제대로 이루어지지 않았어요. 그래서 상태가 매우 처참했습니다."

잔디 정도만 관리되었을 뿐, 내부 공간은 사람이 살 수 없는 상태였다. 주방 시설이나 화장실 등은 매우 열악하여, 입주 후 모든 시설을 수리해야만 했다.

양참사댁은 문화재이기 때문에 구조를 임의로 변경할 수는 없다. 그래서 문화재의 원형을 크게 훼손하지 않는 선에서 거주하며 불편한 부분을 관리하는 정도로 살아가고 있다. 그는 한옥에 대한 일반적인 편견이 있지만, 집이란 원래 사는 사람의 취향이 묻어나야 한다고 생각했다.

그녀의 아이디어는 전통적인 요소를 보존하면서도 현대적인 활용이 가능하다는 것을 보여주는 데 집중되었다. 예를 들어, 아궁이를 없애면 공간을 더 넓게 쓸 수 있지만, 원형을 보존하면서

이렇게 살고 있어요

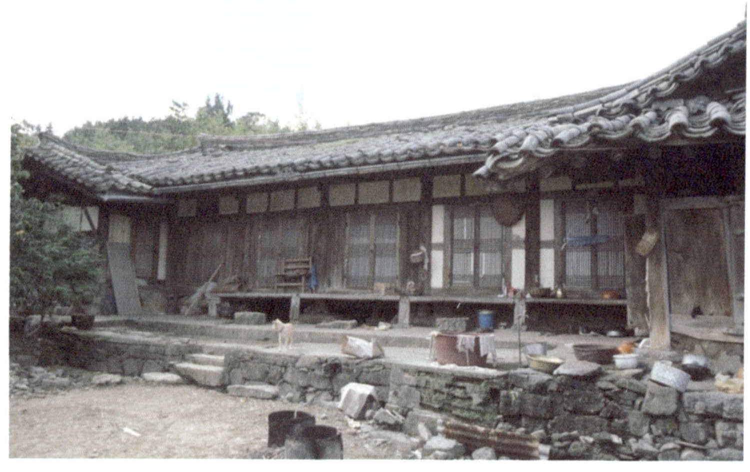

[BEFORE] 공사하기 전의 양참사댁 모습(출처: 한국민족문화대백과).

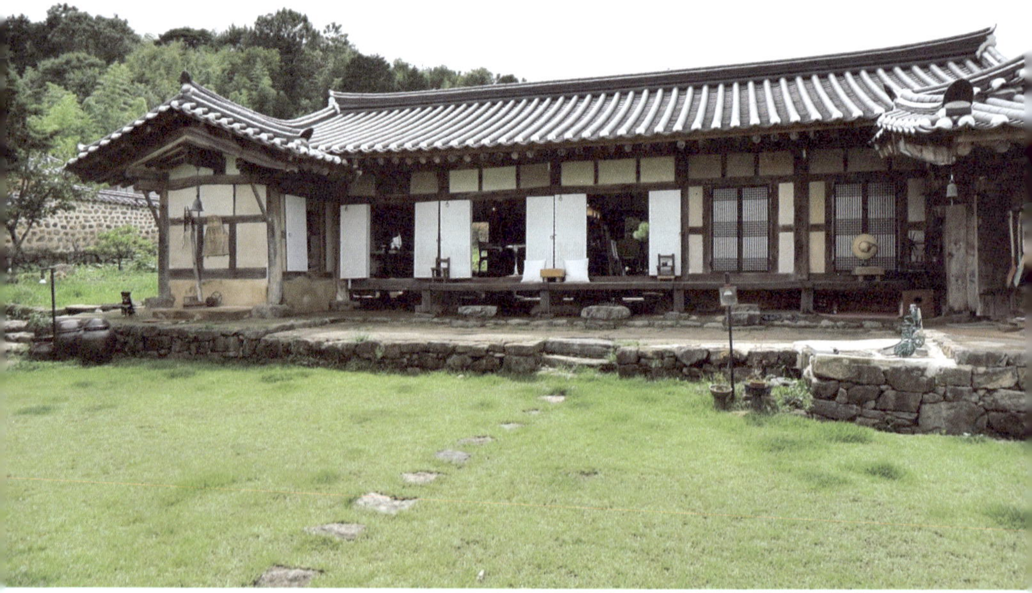

[AFTER] 보수 후의 모습. 원형을 훼손하지 않으면서 정비하려는 노력이 엿보인다.

아궁이가 있던 자리를 그대로 살려두어 보존하고 있다.

문화재이기 때문에 구조를 임의로 변경할 수 없으므로, 원형을 크게 훼손하지 않는
선에서 거주하며 불편한 부분을 관리하고 있다.

도 현대식 생활이 가능하도록 구조를 기획했다. 원래 사용하던 소품들이 고택의 분위기와 잘 어울려 놓아두었는데, 적절한 소품을 배치하는 것만으로도 충분히 현대적인 고전미를 살린 인테리어를 할 수 있었다.

고택 생활의 현실적인 면을 들여다보면, 편안함만 있는 것은 아니다. 집주인은 여름에는 덥고 겨울에는 춥다는 사실을 인정한다. 하지만 도시에서는 몰랐던 깊은 고요함과 오래된 집만이 줄 수 있는 정서는 이곳 생활에 큰 만족감을 준다. 실제로 이곳에서 잠을 청해본 사람들은 잠자리가 매우 편안하다고 입을 모은다.

편의시설과의 물리적인 거리감도 멀지 않다. 차를 타면 도심까지 15분밖에 걸리지 않아, 시골에 와서 고택에 살면서도 도시에서 누릴 수 있는 편리함을 활용하고 있다.

이 집은 크게 사랑채와 안채, 그리고 별도의 화장실 건물(총 3채)로 구성되어 있다. 사랑채는 손님들이 머무르는 공간으로, 안채는 집주인의 생활 공간과 수업이나 체험 활동을 위한 방들로 사용하고 있다.

문화재에서
살아가는 일

"집을 매매하는 과정은 오히려 쉬웠어요."

하지만 매매 후 수리 및 관리가 어려운 문제였다. 현대적인 건축물이 아니기 때문에 작은 일 하나에도 번거로움이 따랐다. 화장실 시설이 열악했던 점은 대표적인 난관이었다. 한 칸은 푸세식이었고 다른 한 칸은 창고였는데, 원형을 훼손하지 않는 선에서 현대식 화장실로 개조하는 것은 어려운 작업이었다.

또한, 전기 배선이나 인터넷 연결(광케이블 설치가 어려워 무선모뎀을 통해 와이파이로 사용) 같은 기본적인 인프라 구축도 쉽지 않았다. 전선 노출을 최소화하기 위해 나무를 깎아내야 하는 상황도 발생했는데, 보통의 가정집이라면 마음 편한 방법을 택하면 되겠지만, 문화재이기 때문에 보존을 항시 고려해야 한다.

창호지도 비가 오면 금방 곰팡이가 피어 자주 새로 발라야 한다. 짧은 처마도 곤란한 요소였다. 본래 비바람을 막으려면 처마가 넉넉히 길어야 한다. 하지만 이 집의 경우 문화재적 가치를 인정받기 전, 부식된 부위를 잘라내는 바람에 짧아진 처마는 제 구실을 다하지 못했다. 비가 올 때마다 집 안 깊숙이 빗물이 들이치는 불편은, 오래된 집을 선택한 그녀가 온전히 감내해야 할 몫이다.

하지만 이러한 불편함마저 이 집의 일부분으로 좋아하기 때문에 만족하며 살아가고 있다. 불편함을 싫어하는 사람이라면 감수하기 어렵겠지만, 그는 비가 오면 처마 끝으로 떨어지는 빗방울을 보며 사유하고 가을이면 붉게 물든 정원의 나무를 감상한다. 가족들 또한 이러한 생활을 재미있어하고 불편해하지 않는다는 점이 큰 힘이 된다. 도시에 살고 있는 주변 사람들이 이 집을 방문하며 대리 만족을 얻는다는 점도 기쁨을 준다.

가치 보존의 새로운 방식
복합문화공간으로의 확장

사람들은 대개 이 공간을 식당이나 카페로 운영하라고 권유했지만, 집주인은 그렇게 되면 문화재가 가진 고유의 가치를 이어가는 데 문제가 생길 것이라 판단했다. 따라서 이 공간을 복합문화공간으로 활용하고 있다.

이곳에서는 음악회, 명상 수업, 다도 체험, 한복 체험 등을 진행하고 있고, 소규모 돌잔치나 결혼식, 스냅사진 촬영, 숙박과 같은 공간으로도 활용하고 있다. 전문 강사를 초청해서 체계적으로 수업을 꾸린다. 90년 된 고택에서 요가를 하고, 다도를 하고, 명상을 하고 있자면 저절로 힐링이 되는 기분이다.

문화재는 구경하는 곳이라는 편견을 깨고, 살아가는 공간으로서의 전통을 이어나가며 그 가치를 느끼게 하는 것이 집주인의 목표다. 그녀는 양참사댁의 문을 활짝 열어 더 많은 사람이 한옥의 멋에 젖어 들기를 꿈꾼다. 한 젊은 기획자의 손길을 거친 양참사댁은 이제 고택의 위엄과 현대적 쓰임이 공존하는 특별한 공간이 되었다. 기획자의 철학이 깃든 살아있는 공간으로 다시 태어난 것이다.

시간을 쪼개 쓰던 억대 연봉 직장인
시골에 가다

명문대 억대 연봉 직장인,
인생을 다시 쓰게 된 계기

"와, 이 집에 이야기가 있겠는데?"

처음 이 시골집을 발견했을 때 홀린 듯 인터뷰 요청을 했다. 분명 집주인만의 독특하고 재미있는 이야기를 품고 있을 거라는 예상이 들었다. 역시, 우리의 짐작은 적중했다. 집보다 더 대단한 집주인의 이야기가 숨어 있었기 때문이다.

여기, 서울에서 소위 명문대학교를 졸업하고 대한민국 4대 회계법인이라 꼽히는 곳에서 억대 연봉을 받던 직장인이 있다. 밤늦게까지 이어지는 업무가 익숙하던 그녀는 한국 땅을 넘어 멀고 먼

인도로의 파견을 준비하고 있던 참이었다.

서울집도 모두 정리를 한 상태였는데, 예상하지 못한 일이 벌어지고 말았다. 코로나19 팬데믹이 발발한 것이다. 전 세계를 뒤흔든 팬데믹 상황은 그녀의 내면도 뒤흔들어놓았다. 인도로 가겠다던 계획이 틀어지고 팬데믹 상황 속에 재택근무를 시작했는데 너무나 갑갑했다.

그러다 우연히 시골집에서 재택근무를 하게 되었는데 그 시간이 너무나도 좋았다.

"이렇게 공기 좋고 물 맑은 곳에서 일할 수 있다면 얼마나 좋을까?"

그날 이후 일하기 좋은 시골집을 줄곧 갈망해왔다. 그러나 마음에 드는 공간은 찾기가 어려웠다.

원하는 곳이 없다면 직접 만드는 수밖에 없었다. 그토록 사랑하는 일과 삶의 조화는 그에게 너무나 중요했다. 깊은 고민 끝에 직장을 그만두고 새로운 공간을 직접 만들기로 결심했다. 우선 무에서 유를 만들어줄 빈집부터 찾아야 했다. 시골에서 펼쳐질 그녀의 즐거운 모험은 그렇게 시작되었다.

“무턱대고 이장님부터 찾아가라고요?”
사람마다 적합한 방식은 다르다

빈집을 찾는 여정은 순탄하지 않았다. 온라인 플랫폼과 부동산을 통해 4~5개월 동안 많은 집을 물색하고 발품을 팔며 여러 지역을 돌아다녔지만, 마음에 쏙 드는 집은 쉽게 나타나지 않았다. 어쩌다 마음에 드는 집이 나타나도 '안 된다'라거나 다양한 이유로 거절을 당했다.

이런 경우 흔히 "이장님을 찾아가라"는 조언을 많이 하지만 처음 가보는 동네에 무턱대고 이장님을 찾아 나선다는 게 오히려 그녀에게는 문턱이 높은 방식이었다.

포기할까 싶던 무렵, 어느 블로그에 올라온 집 한 채가 눈에 들어왔다. 터전을 잡고 살아온 서울에서 한참이나 먼 땅끝마을 해남에 있는 한옥이었다. 그러나 지역은 문제될 것이 없었다. 망설일 것도 없이 다음 날 바로 해남으로 내려갔고, 집을 보자마자 바로 계약을 했다. 이 집과의 인연을 시작으로 해남으로의 귀촌을 결정했다.

애초에 해남으로 귀촌을 결심하고 온 것이 아니라, 그저 이 집이 마음에 들어 고쳐보겠다는 가벼운 마음으로 시작한 것이다.

"도시 생활을 다 정리하고 가겠어! 하는 굳은 결심을 하기보다, 언제든 내가 원하는 대로 할 수 있다는 마음으로 왔어요. 그랬더니 마음이 훨씬 더 편해졌어요.”

이러한 유동적인 태도는 그녀에게 심리적 안정감을 주었다. 서울에서의 삶이 계획적일수록 효율이 높아지는 구조였다면, 해남에서의 삶은 오히려 계획을 내려놓고 뜻대로 되지 않는 상황을 편안하게 받아들일 때 더욱 행복을 느낄 수 있는 곳이었다.

“계획대로 되지 않는 상황을 받아들여야 해요” 느림의 미학을 배우다

서울에서 지낼 때는 새롭고 예쁘고 좋은 것들이 항상 있었다. 어디든 나가면 그런 것들을 쉽게 볼 수 있고 가질 수 있었다. 그리고 그러한 것들을 어떻게 효율적으로 누리고 자신의 시간을 절약할지 늘 계획하고 계산하는 삶이었다. 밥을 한 끼 먹더라도 미리 예약을 하고, 택시를 타려고 해도 미리 불러놓아 바쁜 시간대에 어떻게 빠르게 움직일 수 있을지를 계산하며 살았다.

서울에서는 계획을 할수록 삶이 좀 더 쉽게 굴러가는 생활이었다. 반면에 시골에서의 삶은 계획을 해도 뜻대로 되지 않았다. 억지로 무언가를 하려고 할수록 오히려 부대꼈다. 마음대로 되지 않고, 계획대로 되지 않는 상황을 맞닥뜨리면서 내려놓고 지내는 법을 배웠다.

인생이라는 것이 그렇다. 마음 같지 않고 계획대로 되지 않는 것이 삶이다. 욕심을 앞세워 순리를 거스르려 하면 몸도 마음도 괴로워진다. 어떻게 내려놓는 법을 배우는지는 우리가 인생을 살아가며 깨달아야 하는 궁극의 지혜일지도 모른다.

"여기서 지내는 게 마음이 훨씬 좋고 행복해요."

계획대로 되지 않는 상황을 받아들이며, 그녀는 편안함에 이르렀다 말한다. 억지로 빨리 하려고 하고 급하게 마음먹어봤자 내 마음만 힘들다는 것을 배운 것이다.

'이런 분이 이웃이라면
정말 좋겠다'

시골마을에 대해 아무것도 모른 채 처음 방문하던 날, 친구와 바닥에 앉아 대화를 나누고 있는데 마을 할아버지가 말을 걸어왔다.

"젊은 사람들이 왔네. 어디서 왔나?"

할아버지와 인사를 하고 대화가 좀 더 길어졌다. 그런데 대화를 나눌수록 할아버지가 너무나 좋은 분이라는 것이 느껴졌다.

'이런 분이 이웃이면 정말 좋겠다.'

그런 마음이 자연스럽게 마을로 그녀를 이끌었다.

7년 동안 비어 있었던 집은 시간이 멈춘 듯 먼지가 쌓여 있었다. 이전 거주자의 살림살이도 가득 차 있었다. 누가 봐도 어수선한 모양새였다. 그러나 그녀는 한옥에 대해 깊이 알지는 못했으나, 서까래나 기둥 등 나무의 상태가 좋다는 느낌을 받았다.

집은 쾌적하지 않았지만, 집 자체가 주는 느낌은 따뜻했다.

"누군가 이 집에서 행복하게 살다가 이 공간이 비게 되었구나, 느낄 수 있었어요."

아들의 이름이 벽에 쓰여 있거나 키를 표시한 흔적 등, 누군가의 행복했던 삶의 기록들이 고스란히 남아 있는 공간이었다. 더욱이 공사 내내 시끄러움에도 불구하고 오히려 편의를 봐주고 도와준 이웃 할아버지의 존재는 이곳에서의 삶을 더욱 긍정하게 만드는 요소였다.

"인생을 살면서, 물리적으로 안 되는 일이 저를 가로막았던 경험은 처음이었어요."

그 전까지는 자신이 무언가를 준비하고 계획을 하고 열심히 하면 원하는 것을 잘 이룰 수 있었다. 물론 그렇다고 해서 인생이 늘 순탄하기만 한 것은 아니었지만, 그래도 노력해서 뭔가를 하려

[BEFORE] 7년 동안 아무도 살지 않아 집 상태는 매우 처량했다.

[BEFORE] 외양은 허름했지만 기둥
이나 서까래 등 기초가 탄탄했다.

[AFTER]
일과 쉼을 위한 공간
으로 탈바꿈하였다.

[AFTER] 한옥이라는 옛 요소의 장점을 남기면서도,
한옥이라 겨울에 춥고 여름에 덥다는 단점을 보완하
기 위해 단열에 특별히 신경을 썼다.

고 하면 뜻대로 되었다.

　　그러나 시골에서의 생활은 그렇지가 않았다. 집을 고치는 과정에서부터 그것을 크게 깨달았다. 콘크리트가 다 마르지 않았는데 다음 공정에 들어갈 수가 없고, 이전 공사 업체 인부가 다 하지도 않았는데 급하다고 해서 다음 인부를 불러 일을 진행시킬 수도 없는 노릇이다. 내려놓고 비우는 과정에서 마음이 많이 단단해졌다.

일하기 좋은 공간이란
어떤 곳일까?

　　훌륭한 풍경과 좋은 공간 속에서 일하고 싶다는 마음이 그녀는 가장 컸다. 그러므로 시골에서의 생활에서도 일과 휴식을 함께할 수 있는 워케이션(Work+Vacation)이라는 개념에 초점을 맞췄다.

　　회계사로 일할 때 그녀는 클라이언트 회사 회의실에 가서 일할 경험이 많았다. 심지어 1년 내내 다른 회사 회의실에서 일을 할 때도 있었다. 그러면서 '일하기 좋은 공간이란 무엇일까' 질문해볼 수 있었고 시선과 감각도 자라났다. 그때의 고민과 경험이 시골에서 일하기 좋은 공간을 만드는 데도 커다란 도움이 되었다.

시골집에서는 하나의 공간 안에서 일도 할 수 있고 회의도 할 수 있는 등 다양한 성격으로 사용될 수 있도록 유연하게 배치했다. 슬라이딩 도어를 활용하여 공간의 성격을 변화시킬 수 있게 디자인했다. 문을 닫으면 주방이 있는 리빙룸이었다가, 문을 열면 서재가 되면서 전체가 오피스 같은 느낌을 주는 공간으로 만들고자 했다.

또한 디테일도 꼼꼼히 신경 썼다. 회계사이던 시절 회의 공간에서 일할 때면 노트북 화면이 조명이나 햇볕에 반사가 되어서 잘 안 보이는 등의 어려움이 있었다. 시골집을 설계할 때부터 그러한 어려움에 대한 해결을 항시 염두에 두고 있었다. 눈이 피로하지 않도록 창문이 정면이나 후면에 직접적으로 위치하지 않도록 책상을 배치하는 등 직접 겪어보기 전에는 알 수 없는 부분들까지 챙길 수 있었던 건, 그녀가 자신의 일을 사랑하는 사람이기 때문이다.

무엇을 버리고
무엇을 남길 것인가

한옥이라고 하면 보통 양반집 고택 같은 것들을 많이 생각한다. 그러나 한옥이라는 건 결국 한국 사람들이 사는 집이고, 한국 사람들의 삶이 달라지면 그 집의 형태도 같이 변화하는 게 맞다고 생각했다. 한옥의 틀을 가지고 있지만 또 다른 성격의 공간이 해남 지역에도 만들어질 수 있다고 보여주고도 싶었다.

그래서 한옥이 가지고 있는 예전의 요소들을 어떻게 얼마나 남겨둘지 많이 고민이 되었다.

"마음대로 없애도 되는 걸까, 굉장히 고민이 많았어요. 문짝 하나를 떼서 버리면서도 '아, 이거 내가 이렇게 막 버려도 되나?' 주저하게 되더라고요."

인테리어 업체에 모두 맡겨버렸다면 이러한 고민을 하지 않아도 됐을 것이다. 알아서 버리고 알아서 설치를 해주니까 말이다. 그러나 그녀는 하나하나 일일이 고민하고 선택했다.

직영으로 공사를 할 때 그녀의 하루는 입시생의 하루와 다를 것이 없었다.

새벽 6시에 기상하여, 7시에 시골집에 도착한 후, 인부들이 오면 공사 과정을 지켜보면서 제대로 진행되도록 지시하고 수정했다. 잘못 설치되고 있는 것은 다시 하도록 애원도 하고 화도 내면서 조율 과정을 거쳤다. 오후 4~5시쯤 인부들이 귀가하면 현장 청소를 6~7시까지 했다. 집으로 가면서 밥을 먹고, 집에 도착하면 공부하고, 회의하고, 도면에 디테일도 만들며 새벽 12시~1시까지 보냈다. 공정이 어느 시기쯤 끝날 것 같으면 2~3주 전부터 그 공정

1. 친구와 함께 여름 내내 집 안의 짐을 치우고 청소하는 힘든 과정을 거쳤다.

2. 전문 업체를 통해 철거와 보강 작업을 진행했다. 직영으로 진행하였다.

3. 시골집의 단열과 방수 문제를 해결하기 위해 여러 겹으로 바닥을 새로 깔아 구성했고, 이로 인해 콘크리트가 완전히 마르는 기간이 예상보다 훨씬 오래 걸렸다.

4. 보일러를 틀어도 바닥 콘크리트가 마르지 않아 한 달을 훌쩍 그냥 보냈다. 계획대로 되지 않는 상황을 받아들이고 마음을 비우는 법을 배웠다.

에 맞추어 자재를 구매하는 등 준비를 미리 시작했다. 가령, 어떤 조명과 어떤 콘센트를 써야 할지 등 구체적인 디테일은 공정에 맞추어 결정하고 구매하는 것이다.

무엇을 남기고 무엇을 버릴 것이며, 어떻게 새로운 것을 조화시킬 것인지에 대한 꼼꼼한 고민이 엿보인다.

**어차피 인생은 마음대로 되지 않는 것,
계획을 세우지 않는 연습을 한다**

해남으로 오면서 그녀는 계획을 세우지 않는 연습을 하고 있다. 과거에는 목표 지향적인 삶을 살았지만, 이제는 매일매일을 충실하게 살아가는 것을 목표로 삼는다.

발버둥 치며 정답을 찾으려 들 때는 일이 해결되지 않다가도, 마음을 편안하게 내려놓으니 자연스럽게 길이 열리는 경험을 했다. 인생이라는 것은 철저하게 계획을 세운다고 해서 이루어지지 않는다는 것을 배웠다. 계획대로 살려고 하면 자신만 소진되고 번아웃에 이른다는 것도 배웠다.

"환경을 바꾸면 행복할 줄 알았는데 환경이 바뀌어도 내가 그대로면 그대로더라고요."

"발버둥 칠 때는 일이 해결되지 않다가도,
마음을 편안하게 내려놓으니
자연스럽게 길이 열리는 경험을 해요.

열심히 일하는 동시에
그 과정을 즐기려고 노력하는 사람들에게
시골은 완벽한 배움의 공간이자 안식처입니다."

인생이란 때로는 얄궂다. 노력하면 노력한 만큼 보상을 주면 좋으련만, 마음 같지 않은 일들은 도처에 널려 있다. 또한 그러므로 인생이란 재미있고 흥미로운 것일지도 모른다.

매일을 충실하게 살아가면서도 마음같지 않은 일들은 유연하게 대처할 수 있는 여유로운 마음가짐을 시골은 우리에게 가르쳐 주는 것일 테다. 열심히 일하는 동시에 그 과정을 즐기려고 노력하는 사람들에게 시골은 완벽한 배움의 공간이자 안식처다.

섬진강 물길 따라
영혼의 쉼터를 찾다

전문가도 손사래친 가파른
골목 끝 집

"와, 이렇게 가파른 골목 끝에 집이 있다고?"

전라남도 광양과 경상남도 하동을 가르는 섬진강 물길을 따라 걷다 보면, 지도에도 잘 나오지 않을 법한 굽이진 마을 오르막 끝에 다다르게 된다. 그곳에 세상의 속도와는 다른 박자로 숨을 쉬는 집 한 채가 있다.

이 집에 가닿기까지 첫 번째 장벽은 가파른 경사다. 차 한 대가 겨우 지나갈 법한 좁은 골목길 끝에 위치한 집을 보며 공사에 적지 않은 어려움이 있었겠다 짐작되었다. 아니나 다를까, 기술자들은 집에 한 번 와보고는 시작도 해보지 않고 손사래를 쳤다. 집 바로 앞쪽에 이르면 사태는 더 심각해진다. 경사가 가파른 데다 골목길이 좁아서 트럭은 들어갈 수도 없다.

"이 길로는 답이 안 나옵니다."

전문 업자들은 난색을 표하며 등을 돌렸다. 부수고 나르는 일은 기계가 하면 반나절이면 끝날 일이었으나, 손수레를 끌고 밀며 며칠 동안 직접 집까지 자재를 실어날라야만 했다. 오로지 근육과 땀으로만 해결해야 하는 시간이었다.

이렇게까지 고되게 수리해야 하는데 왜 이 시골집에서 살겠다고 결심한 걸까? 우리가 보지 못한 풍경이 분명 있을 터였다. 아니나 다를까 골목길 끝 집에 다다라 대문을 열고 들어서니 그 비밀은 단박에 풀렸다. 눈 앞에 펼쳐지는 섬진강의 유려한 곡선과 하동의 벚꽃길은 한눈에 마음을 사로잡기에 충분했다.

눈앞에 펼쳐지는 절경은 원래 우사와 낡은 창고로 막혀 있었다. 그러나 낡은 우사와 창고를 걷어내자 집 안에 앉아서 흐르는 강줄기를 파노라마처럼 즐길 수 있게 되었다.

우사와 낡은 창고는, 기계가 들어올 수 없어 인력으로만 철거가 진행되었고 철거 비용은 무려 2,500만 원에 달했다. 보통의 집 수리라면 엄두도 못 낼 금액이었지만, 그는 이를 풍경을 사기 위한 기회비용으로 받아들였다. 삶의 가장 소중한 가치는 때로 도달하기 힘든 곳에 숨어 있다는 사실을 그는 알고 있었다.

18톤의 자갈,
노동으로 쓴 정직한 서사

마당을 가득 채운 은빛 자갈 18톤은 이 집의 성격을 가장 잘 대변한다. 대형 트럭이 마당까지 들어올 수 없었던 탓에, 집주인은 입구에 쏟아진 18톤의 자갈을 홀로 외발 수레에 실어날랐다. 수백 번, 아니 수천 번의 왕복. 한여름의 뙤약볕 아래가 아니더라도 좁은 골목을 따라 자재를 가득 실은 수레를 밀려면 온몸은 땀으로 젖고 손바닥엔 굳은살이 박힌다.

누군가는 미련하다 비웃었을지 모르나, 집주인에게 이 과정은 자신의 영혼이 쉴 쉼터를 자신의 손으로 직접 만들어가는 신성한 의식의 과정이었을 것이다. 자본이 생략한 자리에 노동이 채워질 때, 공간은 비로소 거주자의 역사가 된다.

이러한 과정을 거치고 시골에 자기만의 공간을 만들고 나면, 마당의 자갈 위를 걸을 때마다 들리는 바스락거리는 소리 하나도 집과 나누는 대화의 기록이 된다. 다른 사람이 만들어놓은 공간에 몸만 들어가 살 때와는 차원이 다른 경험인 것이다.

시선을 가두지 않는 자유,
쉼의 본질을 찾다

이 집이 눈길을 끄는 요소 중 하나는 전면에 탁 트인 풍경을 집 전체 공간 어디에서든 만끽할 수 있다는 점이다. 남동향의 햇살이 깊숙이 스며드는 마루에 앉으면, 세상과 나 사이를 가로막는 것은 오직 투명한 유리뿐이다. 풍경을 소유하는 대신 풍경의 일부가 될 수 있다.

네 칸짜리 한옥의 벽을 완전히 허물어 일자로 길게 터놓은 공간에는 거창한 가구도, 화려한 장식도 없다. 주인의 취향이 묻어나는 낡은 오디오와 나무를 직접 잘라 만든 투박한 의자, 그리고 책 몇 권이 전부다. 이곳에서 요리를 하거나 손님을 대접하는 분주한 행위 대신, 그저 누워 있거나 창밖을 보며 멍을 때리는 완전한 비움을 실천할 수 있다.

맨발로 집안을 걸을 때 집의 매력은 배가된다. 발바닥을 타고 흐르는 낯선 질감이 느껴지는데, 장판대신 시멘트와 황토를 섞어서 바닥 마감을 해놓은 덕분이다. 발을 직접 내디뎌보기 전에는 차가울 줄 알았다. 그러나 매끈하면서도 부드러운 느낌이 상당히 좋았다.

벽면 역시 바닥과 결을 같이 한다. 예사롭지 않다. 차가운 시멘트의 질감을 상쇄하기 위해 황토를 섞어 은은한 나뭇빛을 낸 벽체는, 햇살을 머금으면 마치 살아있는 생물처럼 따스한 기운을 내뿜는다.

디자인의 해학도 빼놓을 수 없다. 화장실의 디자인은 만화 속 동굴처럼 둥글게 파낸 아치형 입구로 구성되어 있다. 정해진 규격과 기성품을 거부하고, 자신의 상상이 닿는 대로 공간을 빚어낸 주인의 미학이 곳곳에서 빛을 발한다.

집 안에 들어서자마자 밟게 되는 나무바닥은 어디선가 본 것 같은 익숙함을 풍긴다. 아니나 다를까 오래된 폐교에서 쓰이던 나무 마룻바닥을 공수해와 하나하나 바닥에 이어붙여 만든 것이다. 눈길을 돌리는 데마다 곳곳에 조명, 멋들어진 나무문, 작고 오래된 나무가구와 결합한 세면대 등 미감이 돋보이는 오브제들이 있는데, 기성품이 아닌 주인의 감각으로 새롭게 만든 것들이다.

**기꺼이 수고로움을 감수하는 자만이
낙원을 얻는다**

시골집 리모델링은 기술의 문제가 아니라 태도의 문제가 아닐까, 생각하게 된다. 자재 하나하나를 직접 손수레로 옮기며 먼지

집 뒤로 숲이 있고 앞으로는 강이 흐르는 배산임수를 갖추었다.

섬진강 물결이 굽이굽이 흐르는 풍경을 눈앞에서 파노라마로 즐길 수 있다.

나무의 질감을 살리고 베이지톤으로 맞춘 인테리어 감각이 돋보인다.

를 뒤집어썼던 고단한 시간은, 이제 섬진강의 바람 소리를 배경 삼아 책을 읽는 평화로운 오후로 보상받는다. 집이 눈길 닿는 곳마다 나를 편안하게 할 때 비로소 집은 영혼의 안식처가 될 수 있다.

18톤의 자갈을 직접 옮길 수 있는 집념과 낡은 학교 마루에서 아름다움을 발견하는 따뜻한 시선이 있었기에 비로소 유려한 산세를 뒷마당처럼 두고 눈앞에는 거대한 물결을 즐기는 여유를 만끽할 수 있게 되는 것 아닐까.

이 집에 올라오는 길에 샤인머스캣 넝쿨과 여물어가는 과실을 보았다. 아마도 길의 끝에 다다랐을 때 달콤한 여유를 즐길 수 있으리라는 맛있는 예고가 아니었을까, 집을 둘러보며 회상했다. 고요하게 흐르는 섬진강 물결을 바라보고 등 뒤에서 재잘대는 산새 소리를 듣고 있자니 조급했던 마음도 한결 가라앉는 기분이다.

삶을 저지르는 용기
50대에 시작한 한옥 예찬

그리움의 끝에서 만난

운명적인 환대

누구에게나 마음속에 품은 로망 하나쯤은 있기 마련이다. 50대 중반의 이선미 씨에게 그것은 '마당이 있는 집'이었다. 아파트에서 줄곧 살아가며 그녀는 늘 갈증을 느꼈다. 편리함이 주는 안락함보다 흙을 밟고 계절의 변화를 살결로 느끼는 감각을 갈망했다.

그러다 4년 전, 운명처럼 전라남도의 한 시골집을 만났다. 부동산 중개인의 손에 이끌려 마주한 1975년생 한옥이었다. 50년이 넘은 데다 사시던 어르신 내외가 돌아가신 후 자녀들이 한 번씩 들르기만 하던 집이라 낡기는 했지만, 이곳 살던 어르신 내외가 꼼꼼하게 관리를 잘하셔서 뼈대가 좋았다.

"무작정 돌아다니다 만난 이 집이 나를 아늑히 반기는 느낌이었어요. 그래서 덜컥 사고 일사천리로 고쳤어요. 그때부터 지금까지 변함없이 좋아요."

낡고 해진 그 집 앞에 서자 선미 씨는 묘한 기분이 들었다. 낯선 집이 마치 오래전부터 자신을 기다려온 것처럼 따뜻하게 품어주는 듯한 환대였다. 사람들은 이를 인연이라 부른다.

그녀를 단번에 사로잡은 것은 본채 옆에 딸린 낡은 창고였다. 어릴 적 고향 집에서 소를 키우던 풍경이 겹쳐 보이는 그 낡은 공간은 그녀의 유년 기억을 소환했다. 누군가에게는 허물어야 할 우사였으나, 그녀에게는 잃어버린 자아를 되찾아줄 보물창고였다. 선미 씨는 주저 없이 계약서에 서명했다. 집을 사는 결정인 동시에, 자신이 꿈꿔온 삶을 향해 저지르는 첫걸음이었다.

불편한 한옥이 주는
의외의 위로

집수리는 예상보다 험난했다. 1975년도에 지어진 집은 뼈대는 꼿꼿했으나 세월의 무게를 이기지 못해 곳곳이 무너져 있었다.

"아무도 안 하려고 했어요."

저렴한 가격에 고치려고 하니, 아무도 하려고 하지 않았다. 그러나 정답은 의외로 가까운 곳에 있다고 하지 않던가? 예전에 살던 집의 싱크대 공사를 해주었던 분에게 넌지시 물어보았더니 그제야 일이 풀리기 시작했다.

선미 씨는 이전 주인 할아버지가 꼼꼼하게 관리해온 옛집의 결을 살리고 싶었다. 현대식으로 뜯어고친 편리한 집은 이미 도시에도 널려 있었다. 그녀는 오히려 조금 불편한 한옥을 원했다. 방을 아파트 거실처럼 트고, 추위를 막기 위해 낡은 문틀 안에 새 샷시를 덧대면서도 서까래와 기둥의 고유한 형태는 결코 손대지 않았다.

진정한 미학은 불편함을 감수할 때 찾아온다는 것을 그녀는 알고 있었다. 삐걱거리는 문소리, 나무의 결이 전해지는 마루, 올곧지 않은 나무기둥이 있는 방. 똑바르지 않은 불편함은 감각을 깨우고 삶을 지루할 틈 없게 만드는 유희가 되었다. 그러면서도 집 안에서 자연을 품을 수 있는 통창을 만들어 현대적인 감각 또한 잊지 않았다.

본격적인 리모델링은 두 달이 걸렸지만, 집을 완성하는 과정은 4년이 지난 지금까지도 진행 중이다. 선미 씨는 퇴근 후 매일 저녁 시골집으로 달려갔다. 전문가에게 맡길 수 없는 세세한 인테리어는 그녀의 몫이었다. 나무에 칠해져 있던 촌스러운 페인트를 일일이 벗겨내고, 천연 오일을 덧바르는 고된 노동을 자처했다.

마당을 가꾸는 일은 더 큰 인내를 요구했고 훨씬 고생도 했다. 기존의 나무를 베어내고 자신이 좋아하는 꽃과 나무를 하나하나 직접 심었다. 작은 나무를 심었다면 손쉬웠을 수 있지만, 작은 나무를 좋아하지 않는 성향 탓에 커다란 성목을 사다가 퇴근하자마자 시골집으로 날랐다. 처음 2년간은 자리를 잡지 못해 어수선했으나, 3년이 지나고 4년째가 되자 정원은 비로소 집과 한 몸처럼 어우러지기 시작했다.

"퇴근하면 곧바로 시골집으로 와서 밤 12시까지 고쳤어요."

고될 법도 하지만 오랜 로망을 이루는 그 과정이 그녀에게는 재미있었다. 불을 밝히며 흙벽을 바르고 나무를 닦아낸 시간들은 집에 대한 애정으로 싹텄다. 집을 가꾸는 일은 곧 내면의 정원을 가꾸는 과정과도 같았다.

하루 4시간밖에 잠을 못 자는 고된 노동 끝에 근육통을 얻었지만, 그마저도 즐겁고 기뻤다. 이 땅에 뿌리를 내리고 있다는 생생한 삶의 증거를 온몸으로 즐길 줄 알게 되었다. 그리하여 내면의 힘이 더욱 단단해지는 시간이기도 했다.

[BEFORE]
50년 된 집이지만, 옛 주인 어르신들의 꼼꼼한 성정 덕분에 뼈대가 좋고 단단했다.

[AFTER] 시골카페 같은 분위기를 풍기지만 주인이 직접 살고 있는 시골집이다.

[AFTER] 집안 구석구석 주인의 감각이 돋보인다.

자기만의 공간을 꿈꾸는 사람들에게

"주저하지 말고 삶을 저지르세요"

"이 집이 너무 좋아요. 싫증도 안 나요. 애인처럼 좋아요."

그녀는 시골집을 고쳐보고 직접 살아본 후로 주변 사람들에게 한옥집에 살아보라고 입이 닳도록 추천을 한다. 뼈대가 탄탄해서 조금만 보수를 해주면 살 수 있는 집도 단지 겉보기에 낡았다는 이유로 허무는 집들을 보면 너무나 안타깝기도 하다.

지금도 시골길을 거닐다가 한옥집을 만나면 가슴이 설렌다. 이렇게도 고칠 수 있고, 이것도 할 수 있고 하는 부푼 꿈이 차오르는 것이다.

"전생에 내가 이 집의 마님이었나 봐요."

한옥의 단아한 곡선과 나무의 향기는 그녀에게 현대 도시가 줄 수 없는 깊은 안정감을 주었다. 사람들은 한옥의 관리가 힘들다며 혀를 내두르지만, 그녀에게 한옥은 질리지 않는 애인과도 같다. 비워진 창고가 향기로운 다실로 변했듯, 그녀의 삶도 비로소 자신의 취향과 철학으로 꽉 채워지기 시작했다.

이선미 씨는 시골살이를 꿈꾸는 사람들과 전원생활을 동경하는 사람들에게 입버릇처럼 말한다.

"저지르세요. 주저하지 마시고 저지르면 다 됩니다."

[BEFORE]
'허물고 새로 짓는 게 낫다'고 세 번이나 거절당했던 창고의 모습.

[AFTER]
낡은 창고는 다도가 취미인 집주인의 다도공간으로 재탄생했다.

[AFTER]
손님들이 놀러오면 정다운 담소를 나눌 수도 있다.

건축 정보

대지위치: 전남 화순군, 대지면적: 436㎡(132평), 건물규모: 지상 1층, 건축면적: 56.2㎡(17평), 연면적: 56.2㎡(17평), 주차대수: 0대, 구조: 기초(주춧돌), 단열재: 흙벽, 외부마감재: 황토미장, 외벽: 황토미장&회벽마감, 에너지원: 기름보일러, 마당 바닥: 잔디, 총공사비: 1억 원

인테리어 정보

내외부마감재: 벽, 천장(노루표 친환경페인트), 바닥: 장판, 욕실: 유럽식 타일, 주방: 장판

우리는 늘 완벽한 준비를 꿈꾼다. 돈을 더 모아야 해서, 자녀를 다 키워야 해서, 적당한 때를 기다리다 정작 꿈을 꿀 기력조차 잃어버리곤 한다.

하지만 삶은 기다려주지 않는다. 그녀가 7,800만 원이라는 매매가와 1억 원의 리모델링 비용을 들여 이 집을 일군 것은 계산기를 두드린 결과가 아니다. 하고 싶을 때, 할 수 있을 때 발을 내디딘 용기의 결과물이다.

그녀의 집은 이제 지인들이 부러워하며 모여드는 사랑방이 되었다. 사람들은 그녀의 집을 보며 대리 만족을 느끼지만, 그녀는 그들이 직접 자신의 삶을 저지르기를 응원한다.

한옥이 아니어도 좋다. 자신이 진정으로 머물고 싶은 공간을 향해 주저하지 말고 나아가는 것. 고흥의 낡은 한옥에서 피어난 그녀의 웃음소리는, 망설이며 선뜻 나서지 못하는 우리에게 보내는 따뜻하고 강렬한 격려다.

"저지르세요. 저지르면 다 됩니다."
우리는 늘 완벽한 준비를 꿈꾼다.
돈을 더 모아야 해서, 자녀를 다 키워야 해서…

적당한 때를 기다리다
정작 꿈을 이룰 기력조차 잃어버리곤 한다.
하지만 삶은 기다려주지 않는다.

삐뚤빼뚤해도
확실한 내 것입니다

대나무 숲을 뚫고 찾아낸
유서 깊은 종갓집

68세, 은퇴라는 단어가 꼬리표처럼 따라붙는 나이다. 그러나 100세 시대에 68세는 과거와는 다르다. 100살까지 산다고 했을 때, 68세는 하루 24시간 중 오후 4시 20분 정도를 지나는 나이다. 뜨거웠던 한낮의 열기가 식으며 풍경이 가장 입체적이고 아름답게 보이는 시간인 것이다.

누군가는 "벌써 이 시간이네"라고 생각할 수 있지만, 무언가를 새로 시작하거나 퇴근 후의 즐거움을 도모하기에 충분히 여유로운 때다. 예전 같으면 노인의 대열에 끼는 나이지만, 이제는 건강하게 원하는 것을 시작하며 즐겨도 좋을 나이인 것이다.

그 여유를 시골에서 신나는 놀이로 즐기고 있는 사람이 있다. 30년 넘게 서울과 광주에서 치열하게 직장생활을 하던 그는, 이제 대나무 숲이 우거진 시골에서 자신만의 공간을 만들어가는 중이다.

"시골에 사니까 너무 좋아요. 정말 편안하고 좋아요."

그의 이야기는 은퇴 후 완벽하게 준비된 집에 들어가 사는 노후생활이 아니라, 서툴지만 내 손으로 직접 쌓아 올리는 창조의 기쁨에 관한 기록이다.

3년 전, 고향으로 돌아왔을 때 그를 반긴 것은 고즈넉한 풍경이 아니었다. 주인 없이 방치된 폐가에 가까웠다. 5대조 할아버지 때부터 내려온 유서 깊은 종갓집이라지만, 2~3년간 사람의 온기가 끊긴 집은 처량하기가 이루 말할 수가 없었다. 집 뒤편은 마구잡이로 자란 대나무 숲이 집을 집어삼킬 듯 둘러싸고 있었고, 마당은 잡초가 무성하게 자라 빼곡했다.

보통 사람이라면 포크레인 기사를 불러 싹 밀어버렸을 것이다. 하지만 그는 낫을 들었다. 대나무 한 그루를 베어내고, 무성한 잡초를 헤치며 팔을 걷어붙이고 하나씩하나씩 시작해나갔다. 대나무 숲이 물러난 자리에 햇살이 들기 시작했을 때, 그는 비로소 자신이 돌아왔음을 실감했다.

‘시골 생활의 낭만을 이루어 나가는구나’ 희망에 부풀 무렵, 생각지도 못한 손님이 있었다. 폐가나 다름없던 집에서 주인 몰래 살아가고 있던 생명체가 있었으니, 다름 아닌 쥐였다.

달걀을 얻으려 닭장을 만들었더니 상황은 더 심각해졌다. 동네 쥐들이 잔치를 벌이러 몰려들었다. 구멍이란 구멍은 모두 쥐들이 다니는 길목이 되어 있었다.

“온 동네 쥐가 이 집에 살고 있었네!”

처음에는 마을 길고양이들에게 밥을 주며 쥐를 잡아주기를 바랐다. 인터넷으로 사료를 주문해 2년간 지극정성으로 바쳤지만, 20마리 정도의 길고양이들이 밥만 먹고 사라지고는 했다. 쥐를 잡기는커녕 배만 채우고 떠나는 길고양이들을 그는 탓하지 않았다. 대신 ‘진짜 우리 편’을 만들기로 했다.

수소문 끝에 데려와 키우기 시작한 고양이 두 마리의 활약은 대단했다. 고양이들이 마당에서 살기 시작하자 거짓말처럼 쥐 떼가 완전히 자취를 감췄다.

쥐가 사라졌다는 기쁨도 잠시, 이번에는 멧돼지가 등장했다. 힘들게 심은 고구마밭을 하룻밤 사이에 갈아엎어 버린 멧돼지의 횡포 앞에서도 그는 허허 웃는다.

"올해 고구마 농사는 멧돼지 밥으로 줬네요."

울타리를 치며 멧돼지 방어에 나서지만, 그마저도 죽기 살기로 덤비는 싸움이 아니라 자연과 벌이는 묘한 밀고 당기는 게임처럼 보인다.

"내가 하면 삐뚤빼뚤해도 내 것 되잖아요"

그가 집을 새롭게 단장하는 데는 뭉클한 가족사가 섞여 있다. 시골집 한편에는 과거에 그의 어머니가 허리가 휘도록 일하며 누에를 치던 잠실(蠶室)이 있었다. 농사만 지어서는 형제들의 학비를 대기에 빠듯하자 어머니가 누에를 키우며 일거리를 하던 생활의 현장이었던 것이다.

그는 잠실을 헐어버리는 대신, 한 층을 더 만들어 2층 집으로 재탄생시켰다. 2층집은 대만족이었다. 북풍이 세차게 불 때는 본채로 향하는 바람을 막아주고, 2층에 올라서면 마을을 한눈에 조망할 수 있는 근사한 전망대가 되었다.

어머니의 고단함이 서린 공간이 아들의 쉼터로 변모한 순간이다. 선물처럼 마주하게 된 전망대에서 그는 넓은 들판을 내려다본다. 그가 바라보는 풍경 속에는 과거의 시간과 현재의 여유가 공존한다. 인생의 고난을 피하려다 보면, 때로는 생각지도 못한 절경을 만나게 된다는 삶의 아이러니가 그의 시골집에 담겨 있는 듯했다.

그는 〈나는 자연인이다〉의 애청자인데, 그저 방송을 시청하는 것이 아니라 "나도 저거 해봐야지" 싶으면 곧장 실행에 옮긴다. 직접 만든 물레방아, 흔들의자, 풍차로 마당을 꾸민 것도 모자라 놀랍게도 커다란 정자까지 직접 만들었다.

그중에서도 백미는 직접 만든 황토방이다.

"딸이 일주일에 1~2번씩 와서 황토방에서 지내다 가요."

따로 배우지 않아도 인터넷으로 공부하며 집 뒤 산에서 황토를 날라다 벽에 바르고 굴뚝도 직접 세웠다. 기둥 하나 세우는 데 며칠이 걸리고, 혼자 끙끙대다 보면 일주일이 후딱 지나간다.

하지만 그는 기술자를 부르지 않는다.

"서투른 게 한눈에도 보이죠. 기술자가 하면 반듯하겠지만, 내가 하면 삐뚤빼뚤해도 내 것이 되잖아요."

그의 시골살이를 보며 잊고 있던, 자기 손으로 만드는 창조적 기쁨을 깨닫는다. 결과물의 완벽함보다 중요한 것은, 그 과정에서 흘린 땀과 성취감이다. 독학으로 만든 황토방 아궁이에 불이 활활

풍차 아래 흔들의자와 '전망대'라 친절하게 쓰인 의자에 앉으면 발 아래부터 먼 곳까지 한눈에 멋진 풍경이 펼쳐진다.

정교하게 돌아가는 작은 물레방아까지 직접 만든 것들로 정원을 꾸몄다.

풍차, 정자, 물레방아, 아궁이 등
모두 직접 만들어 마당을 가꾸었다.

"기술자가 하면 반듯하겠지만,
내가 하면 삐뚤빼뚤해도
확실한 내 것이 되잖아요."

타오르고 굴뚝으로 연기가 솟아오를 때, 그가 느꼈을 희열은 돈으로 산 집에 비할 바가 아니다. 딸과 손주들이 뜨끈한 황토방에서 몸을 녹이고, 아들이 친구들을 데려와 시골집에서 놀고 가는 모습을 볼 때, 그는 세상 부러울 것 없는 건축가가 된다.

욕심을 비운 자리에
채워지는 충만함

"내 탓, 남 탓 할 일 없이 살 수 있으니 건강에 엄청 좋아요."

남을 흉볼 일도, 남과 다툴 일도, 남의 시선을 의식할 필요도 없는 시골생활에서 그는 크나큰 만족감을 느낀다. 노래방 기계를 틀어놓고 노래를 불러도 뭐라고 할 사람이 없고, 멧돼지가 고구마를 다 먹어치워도 "내년엔 울타리 쳤으니 안 오겠지" 하며 넘길 수 있는 여유를 비로소 가질 수 있게 되었다. 그것은 가진 것이 많아서가 아니라, 바라는 것을 줄였기 때문에 얻을 수 있는 풍요로움이다.

68세, 그는 늙어가는 것이 아니라 무르익어가고 있다. 그가 서투르게 쌓아 올린 돌담 틈새마다 그만의 이야기가 자라난다.

우리는 어쩌면 너무 완벽한 인생을 살려고 아둥바둥하는 것은 아닐까. 조금 삐뚤어져도 괜찮다. 좀 울퉁불퉁해도 상관없다. 내 손으로 짓고, 내 땀으로 채운 삶이라면, 그 자체로 이미 멋진 작품이다.

제4장

나에게도 놀이터 같은 시골집이 생겼습니다

적은 돈으로 누구나 즐기는
시골살이 비법

집을 고치는 것은

나를 고치는 일

"귀촌이나 귀농을 희망하시는 분은 최대한 손수 할 수 있는 일은 스스로 해야 한다고 생각해요."

영산강 줄기를 따라 굽이굽이 들어가면 풍경만으로도 마음이 평온해지는 고즈넉한 마을이 나타난다. 이 마을에는 대나무 숲에 가려져 길을 지나가는 사람들조차 존재를 알 수가 없던 어느 폐가가 있었다. 들어가는 길도 없고 무너져 가던 폐가의 매매가는 1,000만 원. 파격적인 매매가이지만 덜컥 매입하기란 쉽지 않다.

그러나 없던 길을 직접 뚫고, 손수 하나하나 고치며 온기를 불어넣기로 결심한 사람이 있다. 포크레인을 끌어와 산을 깎듯 길을 내고, 시청에 피해목 신청을 해 집을 덮칠 것 같던 늙은 나무들을 정리했으며, 직접 황토벽을 바르고, 합판을 잘라 싱크대를 만들었으며, 난로를 설치했다. 집 전체를 고치는 데 2,000만 원이 들었다. 인건비 없이 모두 스스로 했기에 가능한 일이다. 급한 것 없이 고쳐온 시간이 3년 8개월이다.

대부분의 사람들이 고개를 저으며 돌아서는 집을 직접 고치는 주인들을 만나며 우리는 깨닫고는 한다. 집을 정비하고 고치는 일은 단순히 물리적인 공간을 확보하는 일이 아님을 말이다. 자기 자신으로 향하는 통로를 다시 개척하는 일에 가깝지 않을까 생각하게 된다.

무너져 내리는 집을 바로 세우고 가로막힌 덤불을 걷어내면 그 끝에 따뜻한 지붕이 기다리고 있음을 믿기에 기꺼이 자신의 시간을 들여 집을 고치는 것이 아닐까.

시골에는 버릴 것이 없다!
자연을 재활용하는 법

낮은 울타리로 이어진 대문을 열고 들어가는 순간부터 기발한 아이디어를 곳곳에서 찾을 수 있다. 버려진 유리 샷시틀은 근사한 화단이 되었고, 길가에 쓰러질 듯 위태롭던 나무는 잘려나가 나무껍질째로 예술적인 작품이 되어 벽을 장식하고 있으며, 창호지를 떼어낸 창호살은 대문으로 재탄생했다.

집의 외벽을 자세히 들여다보면 주인의 정성이 더욱 느껴진다. 집을 감싸고 있는 황토벽은 전문가의 손길 없이는 완성하기 어려워 보인다. 그러나 놀랍게도 집주인이 직접 완성한 황토벽이다. 양파망에 흙을 담아 벽에 덧대고 황토를 발라 벽 두께를 20cm나 키웠다. 이 작업에만 꼬박 2년이 걸렸다. 기계로 찍어낸 단열재 대신, 사람의 손으로 하나하나 쌓아 올린 황토벽은 겨울에는 아랫목의 온기를 따사로이 품고, 여름에는 강바람의 시원함을 전달한다. 최신 기술이 아닌 정성으로 완성한 인테리어지만 그 효과만큼은 매우 탁월하다.

황토벽을 쓰다듬자, 매일같이 흙을 이겨 벽에 바르는 사람의 뒷모습이 보이는 것 같았다. 이 벽에 얽힌 이야기를 아는 사람과 모르는 사람에게 이 황토벽은 다르게 다가갈 것이다. 단열이란 단순히 외부의 추위를 막는 기술이 아니라, 집과 사람이 서로의 온기를 익혀가는 일이 아닐까.

값비싼 가구는 필요 없다
세상에 단 하나뿐인 대나무 주방

실내로 들어서면 시골집 특유의 낮고 어두운 분위기 대신 환하고 개방적인 공간이 펼쳐진다. 가장 놀라운 변화는 공간의 재배치다. 예전에는 어둡고 눅눅한 물건들을 쌓아두던 광과 주인의 생활 공간이던 안방 사이의 벽을 과감히 허물었다.

두 공간이 합쳐지자 높은 층고가 드러났고, 세월의 흔적이 묻은 고가구와 지인에게 선물 받아 설치한 화목 난로가 그 중심을 잡고 있다. 겨울밤, 타닥타닥 타오르는 따듯한 온기가 느껴져 고전적인 아늑함이 배가되었다.

꼭 비싼 돈을 들여야만 편리하고 아늑한 주방을 가질 수 있을까? 절대 그렇지 않다는 것을 여기 시골집 주방에서 두 눈으로 확인할 수 있다. 가공된 자재 대신 대나무를 엮어 마감하여 자연의 질감을 그대로 살린 천장도 눈길을 끌지만, 특히 압권은 주인이 직접 만든 싱크대에 있다. 기성품 문짝 대신 부드러운 천을 늘어뜨려 수납공간을 가렸는데, 시각적인 편안함은 물론 실용성까지 갖추고 있다.

큰돈을 들여 주방을 고치는 대신, 직접 싱크대를 만들고 선반을 내어도 얼마든지 예쁘고 실용적으로 사용할 수 있다. 게다가

울타리, 길목, 지붕 등 어느 것 하나 주인의 손길로 만들어지지 않은 것이 없다.

방 하나를 황토 찜질방으로 만들어 집에서도 언제든지 찜질을 즐길 수 있다.

고개를 들면 싱크대 너머 창가로 보이는 꽃밭이 그 어떤 값비싼 타일보다 화려한 풍경화가 되어 주방을 채워준다. 고가의 가구보다 더 비싼 풍경이 눈앞에 있는데 무엇이 더 필요할까? 감탄이 절로 나온다.

나의 시골집에서 즐기는
황토찜질방

시골에 집을 가진다고 하면, 많은 사람들이 황토찜질방이 꼭 있었으면 좋겠다고 바라고는 한다. 바로 그 황토찜질방의 낭만을 집 안에서 누구의 눈치도 보지 않고 친구들과 맛있는 음식을 먹으며 도란도란 즐길 수 있다.

〈나는 자연인이다〉에 출연했던 지인이 직접 구들장을 놓아준 찜질방 문을 여는 순간 진한 황토 냄새가 코끝을 스친다. 고단한 몸을 누이기에 제격이다. 땅을 파고, 파이프를 심고, 돌을 깔아 만든 이 방은 단순한 찜질방을 넘어 몸과 마음을 치유하는 공간이 된다.

3년 8개월이라는 시간 동안 주인은 폐가를 고치며 무엇을 생각했을까. 없던 길을 직접 내고, 황토를 이겨 벽을 바르며, 적지 않

이렇게 살고 있어요

[BEFORE] 대나무 숲에 막혀 지나가는 사람들조차 집이 있는지 알기 어려웠다.

1. 대나무숲과 잡풀로 무성하던 곳을 정리하고 뚫어 직접 길을 내었다.

2. 금방이라도 덮칠 듯 위태롭게 기울어져 있던 오래된 나무들을 제거했다.

3. 오래된 벽을 제거하고 새로운 벽을 만들었다. 인건비를 들이지 않고 모두 스스로 수리하고 정비했다.

4. 황토흙을 직접 발라 시공했다. 양파망에 흙을 담아 벽에 덧대고 황토를 발라 벽 두께를 20cm나 키웠다.

5. 나무를 잘라 직접 싱크대를 만들었다. 큰돈을 들여 주방을 고치는 대신, 직접 싱크대를 만들고 선반을 내어도 얼마든지 예쁘고 실용적으로 사용할 수 있다.

건축 및 인테리어 정보

대지면적: 175평, 건물규모: 25평 목조 4간 겹집, 주차대수: 4대 동시 주차 가능, 에너지원: LPG 가스, 단열재: 양파망에 황토를 담아 20cm 벽을 쌓았음(한여름에도 시원하고 한겨울에도 연료비 절감 효과가 있음), 기타 내부 및 외부 자재와 기본 공구 등 사용

은 시간 동안 집을 매만지는 과정은 자신의 삶을 단단하게 다지는 과정이었을지도 모른다.

진정한 인테리어란 비싼 가구를 들여놓는 것이 아니라, 그 공간에 머무는 사람의 정성과 이야기가 결결이 배어나는 것이리라. 영산강 바람이 머무는 이 나주의 시골집은 오늘도 주인과 함께 기분 좋은 숨을 쉬고 있다.

최적의 안락함,
인테리어 기술자의 5도 2촌

완벽주의를 뒤틀어버린
인테리어 기술자의 시골집

"인테리어 기술자가 살고 있는 시골 세컨드하우스는 세련되고 현대적이겠지?"

시골에 지은 예쁜 집들을 수없이 봐온 우리는 인테리어 기술자가 직접 리모델링한 시골집이라는 이야기를 듣고는 단박에 정갈하고 예쁜 현대식 집을 떠올렸다. 자연을 조망하는 통창과 세련된 인테리어로 번쩍이는 그런 집을 말이다. 그러나 우리의 예상은 보기 좋게 빗나갔다.

도시에서의 삶은 우리에게 완벽함을 강요하고 있는지도 모른다. 집은 모델하우스처럼 정갈해야 하고, 정원은 푸르른 색으로 단정해야 하며, 인생의 궤도는 매끄러워야 한다는 강박. 물론 그러한 집과 물건과 인생은 겉으로 보기에는 좋을 것이다. 그러나 보기에 좋다고 해서 자연스러움을 인위적으로 만드는 것을 두고, 진정한 자연스러움이라고 보기는 힘들다.

겨울에도 유난히 녹색으로 보이는 잔디를 본 적 있을 것이다. 잔디는 겨울이 되면 노랗게 변하는 것이 자연스러운데, 보기에 좋게 하기 위해서 녹색이 필요한 곳에 초록색 착색제를 뿌려 시각적인 효과를 준 것들이다. 시중에 파는 파란색 장미나 형광색 다육식물들도 대개 뿌리에 염료를 흡수시키거나 겉면에 스프레이를 뿌린 것이다. 보기에 좋게 하기 위해서 자연의 색을 지우는 것인데, 이는 자연스러운 생명력이 아니다.

자연 가까이에 살아가는 생활에서는 조금 삐뚤어져도 보고, 완성되지 않은 상태에서 서툴지만 스스로 만들어가는 과정을 즐겨도 보며, 흙을 몸 여기저기 묻히며 뛰어다니는 경험이 필요하다. 그 속에서 우리는 억지로 꾸미지 않은 자연스러운 나를 발견하게 되는 것이리라.

그 피로한 완벽주의를 보란 듯이 재미나게 뒤틀어버린 인테리어 기술자의 시골살이를 찾아 경상남도 밀양으로 향했다. 밀양의 한적한 마을에 다다르자 그는 잡초가 무릎까지 자라고 마루가 자연스럽게 뒤틀린 시골집에서 연신 사람 좋은 웃음으로 우리를 맞이했다.

그는 부산에서 인테리어 기술자로 일하고 있다. 세련된 모습을 갖추고, 수평과 수직을 맞추고, 빈틈 하나 없이 마감하며 인테리어 완성도를 높이는 것이 그의 일이다. 그런 그가 정작 자신을 위해 마련한 세컨드 하우스는 역설적이게도 날것 그 자체다.

그는 평일에는 부산에서 일을 하고 주말이면 밀양 세컨드 하우스로 향한다. 한 주를 건너뛰고 2주 만에 시골집을 찾는 날이면, 대문을 열자마자 마주하는 것은 무성하게 자라난 풀숲이다. 여름의 한가운데, 2주 만에 찾는 시골의 집은 평화로운 전원주택이라기보다 마치 자연의 습격을 받은 것마냥 야생의 현장이 되어 그를 맞이한다. 정글처럼 자라난 잡초와 얼굴보다 더 커져 버린 오이, 그리고 꽃대가 올라온 상추가 되려 자연의 역동성을 보여주어 삶을 생기있게 만든다.

"이게 현실입니다."

무성하게 자란 잡초 앞에서 그는 빙긋이 웃는다. 도시인들이 꿈꾸는 '리틀 포레스트'의 환상은 이곳에 없다. 시골집은 일주일만 비워도 날것의 상태로 돌아가버린다. 도시의 집에서 바쁜 하루 끝에 구석에 쌓인 먼지와 여기저기 널려 있는 옷가지, 못다 한 설거지와의 전쟁을 치러야 한다면 시골의 집에서는 생명력 넘치는 자연을 돌보고 관리해야 한다.

그러나 자연이 주는 그 생기와 역동성이 좋아서 그는 시골로 자석처럼 이끌리듯 왔다. 자연이 마음껏 그려 놓은 물감 위에서 사람이 살아가기 편하도록 손보아 살아가는 것이 시골집의 현실이며, 이 수고로움을 기꺼이 받아들일 준비가 된 사람만이 진정한 쉼을 얻을 수 있다.

큰돈 들이지 않고 얻는
최선의 안락함

인테리어 전문가인 그가 이 집을 리모델링하며 가장 공을 들인 것은 눈에 보이는 화려함이 아니었다. 많은 이들이 한옥의 미학을 위해 추위를 참고서라도 서까래를 노출하지만, 그는 과감히 그 아름다움을 덮어버리고 단열로 마감했다.

"시골집은 무조건 단열, 단열, 단열입니다."

인테리어업에 종사하고 있는 그의 생각은 확고했다. 집의 본질은 거주자를 추운 외부 환경으로부터 지켜주는 데 있음을 아는 사람의 선택이다. 그는 130mm 두께의 단열재를 벽과 천장에 꼼꼼히 둘렀다. 덕분에 방은 조금 좁아졌을지언정, 한겨울에도 뽀송

뽀송한 온기를 유지하는 안식처가 되었다.

그는 바닥과 가구에 고무나무를 사용했다. 습기에 강하고 단단한 이 나무는 시간이 흐를수록 깊은 색을 내며 공간에 묵직한 무게감을 더한다. 비록 여름철 습도에 나무가 팽창해 바닥이 조금 들뜨기도 하지만, 그는 그것마저 자연스러운 현상으로 받아들인다. 천편일률적인 아파트에서 벗어나, 자유롭게 풍경을 감상하고 몸을 누이는 집. 그것이 그가 정의하는 편안하게 쉬는 집이다.

그의 집 대문은 특이하게도 투명한 유리로 되어 있다. 대개 5도 2촌을 하는 시골집 주인들이 사생활 보호를 위해 담을 쌓고 대문을 굳게 닫는 것과는 대조적이다. 그는 왜 굳이 안이 훤히 들여다보이는 문을 택했을까?

답답한 도시의 벽으로부터 탈출하고 싶었던 그의 갈망이 반영된 결과였다. 대문에 앉아 밖을 내다볼 때 시야가 가로막히지 않기를 바랐고, 마을의 풍경이 마당 안으로 자연스럽게 흘러 들어오기를 원했다. 그러한 바람은 마당에 있는 작은 창고에도 고스란히 반영했다. 그는 창고 벽을 개조하며 통유리를 넣어 사계절을 감상할 수 있도록 설계했다.

철거 대상 1순위였던 낡은 창고를 통창이 있는 근사한 휴식 공간으로 바꾼 것은 비용 때문이기도 했지만, 있는 그대로의 것을 쓸모 있게 만드는 재치이기도 했다. 그는 큰돈을 들이지 않고도 자

[BEFORE]

[AFTER]

마당에 작은 텃밭을 마련하고 상추, 배추 등 간단한 채소를 심었다. 자라면 마당에서 고기를 구워 직접 기른 채소와 함께 먹는다.

완벽하게 고치겠다는 강박보다 가족과 함께 하는 시간의 소중함에 가치를 두었다.

신이 머물 수 있는 범위 내에서 최선의 안락함을 찾아냈다.

시골에서는 노동도
명상이 된다

그의 세컨드 하우스 생활은 한가로우면서도 바쁘다. 여름이면 잠시만 비워도 훌쩍 자라나 있는 마당 텃밭 작물을 돌보고, 마당에 아이를 위한 풀장을 설치하고, 세발자전거를 타고 마을 산책을 다니며, 창고 위 옥상에 앉아 지는 해를 바라본다.

그는 시골집에서 하는 활동들을 명상이라 부른다. 도시의 일은 끝임없이 다음 단계를 계산하고 성과를 증명해야 하는 피로의 연속이다. 반면 시골에서의 노동은 단순하다. 텃밭을 가꿀 때는 오직 텃밭에만 집중하고, 물을 줄 때는 생명의 갈증만을 생각한다. 몸은 고되지만 머릿속의 복잡한 잡념들이 씻겨 내려가는 그 텅 빈 상태, 그 무념무상의 시간이 그에게는 가장 큰 치유다.

직접 기른 오이가 너무 커져버려 먹지 못하게 되어도 허탈해하지 않는다. 대신 그 오이를 썰어 가족의 얼굴에 팩을 해주며 웃음을 나눈다. 수확물은 그 자체로 목적이 아니라, 사람과 사람을 잇는 매개체가 된다. 텃밭에서 딴 고추와 상추를 고객들에게 나눠

주며 그는 사람 사이에 나누는 정으로 세상을 살아가는 법을 배운다.

"부자라서 세컨드 하우스를 갖는 것이 아니에요. 여기에서 힐링하는 게 좋고, 가족과 친구와 좋은 시간 보내는 추억이 정말 좋아요."

주말마다 이곳을 찾아 가족과 고기를 구워 먹고, 지인들과 시원한 맥주 한 잔을 나누는 그 소박한 순간들이 모여 인생의 풍요로움을 완성한다.

**완벽하게 갖출 필요 없고
화려하지 않아도 괜찮다**

본인의 노동력으로 거의 모든 것을 해내었기 때문에 쓰러져가던 낡은 시골집 전체를 리모델링하는 데 1,000만 원 남짓이 들었다. 7,900만 원에 집을 매입해서 인테리어 비용으로 1,000만 원 남짓 들었으니, 9,000만 원가량의 비용으로 마음의 안식처를 얻었다. 바로 옆에 개발 이슈가 있지만, 그는 이 시골집을 팔 생각이 없다. 이대로 너무나 좋기 때문이다.

세컨드 하우스는 화려하지 않아도 괜찮다. 완벽하게 모든 것

을 갖추어야 할 필요도 없다. 편리함을 위해 필요한 것은 본가에
모두 갖추고 있으니, 세컨드 하우스에는 조금 부족한 상태로 여백
과 공백이 있는 것이 오히려 좋다. 그 틈 사이로 생각과 고독과 여
유와 영감이 스며든다. 거주자의 손때가 묻고, 그가 가장 편안한
자세로 쉴 수 있는 공간이면 충분하다.

도시로 돌아가 다시 5일을 힘차게 일할 마음의 여유를 이 투
박하고 자연스러운 시골집에서 그는 얻고 있다.

"부자라서 세컨드 하우스를 갖는 것이 아니에요.
여기에서 힐링하고,
가족과 친구와 좋은 시간을 보내요.
그 추억이 정말 좋아요.

시골에서 몸을 움직이면서
머릿속의 복잡한 잡념들이 씻겨 내려가는
그 텅 빈 상태,
그 무념무상의 시간이 가장 큰 치유입니다."

시골에서 무르익는
50대 부부의 사랑

결혼 25주년 기념으로

아내에게 준 선물

"아내에게 선사하는 결혼 25주년 기념 선물이지요."

서울에서 평생을 살아온 50대 부부는 막연하게 동경하던 시골살이를 실현하기로 마음먹었다. 아파트에서의 삶에 익숙해질 법도 했지만, 아내와 남편의 마음속에는 늘 흙냄새와 돌담의 온기가 머무는 시골에서의 생활이 자리하고 있었다.

서로에게 기대어 살아온 세월도 어느덧 25년. 자녀들은 모두 장성하여 독립하였으니 이제는 부부의 인생에서 여유를 만끽하고 싶었다. 그렇게 시골 한옥에서의 생활을 결심하였다.

　남편은 아내에게 보내는 사랑을 담은 선물을 아내 몰래 준비하기 시작했다. 아내 모르게 전국의 시골을 찾아 헤맸다. 낮은 돌담이 정겨운 시골길을 좋아하고, 작은 꽃을 좋아하며, 아기자기한 소품 만들기를 좋아하는 아내의 취향을 너무나도 잘 알고 있던 남편이 선택한 시골 작은 동네는 아내의 마음에도 쏙 들었다.

　낮은 돌담을 타고 흐르는 담쟁이넝쿨과 마당에 핀 하얀 데이지 꽃은 평소 야생화를 좋아하는 아내의 마음을 사로잡기에 충분했다. 아내는 시골집에 방문한 첫날, 첫눈에 풀숲 사이로 고개를 내민 꽃들과 낮은 담장 너머의 평화로운 풍경에 매료되었다.

　"만발한 데이지꽃과 돌담 하나 보고 남편에게 말했어요, 여기다."

　애정과 손길이 묻은 공간에서 부부의 애정은 다시 돈독해졌다. 시골에서의 생활은 단순히 자연을 가까이하는 소박한 삶의 시작이 아니라, 부부 사이의 믿음과 애정이 더욱 견고해지는 시간이 되었다.

　부부가 터를 잡은 곳은 한때 동네의 부잣집으로 불리며 밤마다 마을 사람들의 웃음소리가 문밖을 넘던 사랑방 같은 곳이었다. 집이 품은 사랑의 기운이 부부에게도 스며들었던 것이 아닐까. 그곳에 살던 사람이 사라져도 그곳에 남은 온기는 대대로 이어져 전해지는 듯하다.

지금 형태에서 80% 정도는 처음 구매할 당시 리모델링되어 있었다. 외부와 내부 모두 크게 고치지 않고 약간 손보는 것만으로 멋진 모습이 되었다.

목재가구와 우드톤의 가전으로 따뜻한 정취를 한껏 북돋았고, 여행하면서 모았던 소품들을 활용해 집을 단장하였다.

함께 텃밭을 일구고, 마당의 야생화로 집안을 장식하고, 밥상에 둘러앉아 막걸리 한 잔을 나누는 시간을 쌓아간다.

건축 정보

소재지: 전남 나주시 봉황면, 구입가: 6천만 원, 대지면적: 521㎡(158평), 건물면적: 본채 66㎡(20평)·별채 33㎡(10평), 건물구조: 본채(목조)·별채(경량철골조), 주차대수: 2대, 사용승인일: 1975년(본채 기준), 리모델링 시공자: 김호창, 리모델링 공사비: 5천만 원, 방·욕실수: 본채(방1, 거실1,주방1,욕실1)·별채(방1, 창고1), 에너지원: 경유보일러, 일부 화목아궁이(구들장), 내부마감재: 벽 천장(한식회벽 및 황토), 부엌(편백나무 판넬), 바닥(친환경 소재 장판), 외부마감재: 일부 적벽돌, 한식회벽, 황토미장, 마당: 조선잔디, 원형디딤석, 조경: 곰솔 4주·주목 1주·목련 1주 등 포함·수목, 화초 및 분재류 20점, 담장: 한옥 담장, 출입문: 약식 솟을대문

낡은 시골집을 고치며
서로의 소중함을 재발견하다

누군가는 노동이라고 말할 일도, 누군가는 서로의 소중함을 발견하는 시간이라고 말한다. 이 부부에게도 그랬다. 시골에서 시작한 새로운 생활을 위해 공간을 가꾸는 과정은 결코 순탄하지만은 않았다. 하지만 1년이라는 준비의 시간은 부부에게 예상치 못한 선물을 안겨주었다. 자녀들을 다 키워내고 각자의 일상에 익숙해져 가던 중년의 부부는, 낡은 집을 고치고 툇마루를 닦으며 잊고 지냈던 서로의 소중함을 재발견했다.

150평 대지에 건물 두 채가 나란히 자리 잡고 있는 집 앞 마당에 앉아 흐드러지게 피어난 꽃과 나무, 물줄기를 뿜어내는 분수를 바라보노라면 서울에서 생활할 때는 절대 느끼지 못했던 자연과 함께 살아가는 생활 속 즐거움을 만끽할 수 있었다.

남편은 아내가 좋아하는 야생화 자수를 놓을 수 있도록 정원을 정리했고, 아내는 남편이 땀 흘려 가꾼 공간 구석구석에 자신의 취향이 담긴 소품을 배치했다. 함께 텃밭을 일구고, 마당의 야생화로 집안을 장식하고, 밥상에 둘러앉아 막걸리 한 잔을 나누는 시간들이 쌓여갔다.

거실 소파에 앉아 사방으로 뚫린 거대한 통창을 바라보노라면 앞마당과 옆마당, 그리고 멀리 보이는 산의 능선이 마치 거대한 파노라마 영화처럼 펼쳐진다. 도시에서 창은 외부를 구경하는 통로다. 그러나 이곳에서 창은 집 내부로 자연을 끌어들여 공간을 무한히 확장하는 마법의 프레임이 된다.

보이지 않는 벽을 허무는
작지만 큰 관심

서울에서 온 이방인 부부에게 시골 마을은 처음에는 조심스러운 공간이었다. 하지만 부부가 정성껏 집을 가꾸는 모습은 마을 어르신들의 마음을 열게 했다. 아내는 마을의 어르신들에게 직접 그린 꽃고무신을 한 켤레씩 선물하며 먼저 다가갔다. 투박한 고무신에 피어난 화사한 꽃그림은 도시 사람과 시골 사람 사이의 보이지 않는 벽을 허무는 마법이 되었다.

어르신들이 집 앞을 지날 때면 자연스럽게 모셔 차 한 잔을 나누었다. 그러면 어르신들은 예전 이 집이 가졌던 화려한 역사와 추억들을 들려주신다. 부모님이 사용하시던 절구와 키, 대문에 달아 놓은 원앙 종도 마을 어르신들과 마음을 트는 작은 이야깃거리다.

마을 어르신들은 그 물건들을 보며 옛 기억을 떠올리고, 부부는 어르신들의 이야기 속에서 부모님의 온기를 느낀다. 서울내기 부부와 시골 어르신들은 그렇게 서로의 빈자리를 채워주며 새로운 가족의 형태를 만들어가고 있었다.

부부는 이곳에서 세속의 번잡함을 내려놓고 생각을 버리는 공간을 만끽한다. 편리한 현대식 시설보다는 불편함이 주는 여유를, 화려한 인테리어보다는 50년 된 서까래의 그을음이 주는 깊이를 음미한다. 마루에 앉아 멍하니 산세를 바라보고, 몸뻬바지와 고무신을 신고 마당을 거닐자면 빌딩과 아스팔트에 익숙하던 때에는 생소하던 강렬한 치유를 경험한다.

행복이란 새로운 것을 끊임없이 소유하는 것이 아니라, 이미 존재하던 것의 가치를 발견하고 그것에 정성을 쏟는 과정에 있다. 인생의 후반전에서 만난 75년 된 기와 밑에서 부부의 사랑은 오늘도 익어가고 있다. 그 따뜻한 기운은 담장을 넘어 마을 전체로 잔잔하게 퍼져나간다.

"만발한 데이지꽃과 돌담을 보는 순간,
남편에게 말했어요, 여기다."

행복이란 새로운 것을
끊임없이 소유하는 것이 아니라,
이미 존재하던 것의 가치를 발견하고
그것에 정성을 쏟는 과정에 있습니다.

대기업 퇴사,
100년 된 시골집을 혼자 고치다

전기, 물,

화장실도 없는 집

'39살 대기업을 그만두고 전기, 물, 화장실도 없는 집을 셀프로 고쳤습니다'

어느 날 메일 한 통이 왔다. 메일을 열고 첫 줄을 읽자마자 하동으로 한달음에 달려가기로 마음먹을 수밖에 없었다.

메일에 첨부된 리모델링하기 전 집의 풍경은 그야말로 처참했다.

"이런 집도 리모델링이 가능하다고?"

태풍 한 번 불면 폭삭 내려앉을 것만 같은 집인데 토목, 조경,

목공, 전기, 인테리어 등을 모두 셀프로 했다니, 그 이야기가 너무나도 궁금했다.

경남 하동은 섬진강 물줄기와 지리산의 능선을 동시에 누릴 수 있고, 소설 〈토지〉의 배경인 평사리와 천년고찰 쌍계사, 전라도와 경상도를 잇는 화개장터를 품고 있어 풍부한 이야깃거리가 끊이지 않는 동네다. 하동의 너른 녹차밭은 눈을 즐겁게 하고 맛좋은 찻잎은 입맛을 돋운다. 차로 20~30분만 가면 광양이나 진주의 대형마트, 병원 등 도시 인프라를 이용할 수 있는 점도 큰 매력이다.

대기업에 멀쩡히 다니던 직장인이 풍광 좋은 하동에 자리한 낡은 시골집 한 채에 마음을 빼앗긴 것도 무리는 아니다. 그러나 아무리 빼어난 풍경에 둘러싸인 곳이라 할지라도, 100년 전에 지어진 데다 30년 동안이나 비어 있던 낡은 집을 덜컥 구매하기란 쉽지 않은 결정이다. 무성한 풀더미에 갇혀 형체조차 희미했던 집이다.

누구나 단념했을 무너져가던 공간이지만 이 남자에게만큼은 꿈꾸던 시골에서의 삶을 시작할 최적의 장소였다. 그리고 자신의 손으로 집의 시간을 다시 흐르게 만들었다. 쓸모없어 보이는 것에서 가치를 발견하고, 본질을 지키며 현재를 덧입히는 삶의 기술에 관한 기록이다.

버려지는 공간이 없는
사각형 땅을 고르는 방법

집주인이 이 집을 선택한 첫 번째 이유는 뜻밖에도 땅의 모양이었다. 그는 땅이 반듯한 사각형임을 확실히 파악하기 위해 지적도를 펴서 살피고 드론을 띄워 두 눈으로 확인했다. 흔히 시골 땅은 비정형인 경우가 많아 버리는 공간이 많다. 그러나 사각형 땅은 알뜰히 대지를 사용할 수 있기에 좋은 입지 조건이 된다.

기반이 반듯하게 서 있을 때 비로소 그 위에 세우는 일상이 낭비 없이 채워지기는 우리 삶도 마찬가지다. 이 집이 그러한 우리의 인생사를 보여주고 있다는 생각이 들었다. 불필요한 군더더기를 덜어내고 본질에 집중할 수 있는 터전을 고르는 것, 그것이 새로운 시작을 하는 집주인이 삶을 정돈하는 첫 번째 기술이었다.

창의성은 마당에서도 여실히 드러났다. 자동차 휠을 재활용해 만든 화로, 아이들을 위해 마련한 모래 놀이터, 그리고 해외에서 직접 공수한 거대한 소 밥통(stock tank) 수영장까지 쉽게 볼 수 없는 소품들로 마당을 채우고 있었다.

아이들 수영장으로 사용하고 있는 소 밥통은 물건값보다 해외에서 들여오는 배송비가 몇 배나 더 비쌌지만 기꺼이 들여왔다. 나만의 공간에 대한 깊은 애정 없이는 하기 어려운 일이다. 기성품의 편리함 대신 수고로움이 깃든 독창적인 오브제들로 나만의 공간을 채울 수 있는 건 시골살이의 큰 기쁨 중에 하나라는 것을 시골집을 다닐수록 깨닫는다.

100년 세월을 견딘 비결
기둥 밑에 스며든 소금기

비어 있던 30년의 세월은 집의 뼈대를 갉아 먹기에 충분한 시간이다. 하지만 집의 기둥은 놀라울 정도로 꼿꼿했다. 비결은 기둥 밑동에 스며든 소금기에 있었다. 옛사람들은 나무를 벌레로부터 보호하기 위해 소금기를 활용하곤 했다. 100년 전 누군가의 지혜가 담긴 그 소금기가 기둥을 썩지 않게 지탱해온 것이다.

옛 지혜 덕분에 뼈대를 하나도 교체하지 않고 오직 샌딩작업만으로 나무 본연의 결을 살려낼 수 있었다.

"역시, 뼈대가 튼튼하면 아무리 시간이 흘러도 무너지지 않는구나."

우리 인생도 그렇지 않을까? 외부 환경이 아무리 거칠게 변해도 중심이 되는 뼈대가 튼튼하다면, 우리는 언제든 다시 시작할 수 있다. 낡은 천장에 가려져 있던 깨끗한 서까래를 보며, 보이지

[BEFORE] 100년 전에 지어진 데다 30년 동안 비어 있어 그야말로 처참한 상태였다.

[BEFORE] 내부는 아무도 관리하지 않아 쓰레기로 가득했다.

[AFTER] 폭삭 내려앉을 것만 같던 시골집을 모두 혼자 수리했다. 토목, 조경, 목공, 전기, 내부 인테리어 등까지 모두 셀프로 했다.

[AFTER] 호텔을 연상하게 하는 멋진 모습으로 변화했다. 직장인이던 사람이 혼자서 했다고는 믿기지 않는 모습이다.

건축 정보

대지위치: 경상남도 하동군, 대지면적: 555.2㎡(168평), 건물규모: 지상 1층, 건축면적: 42㎡(12.7평), 연면적: 42㎡(12.7평), 건폐율: 7.6%, 용적률: 7.6%, 주차대수: 3대, 구조: 기초, 목구조/돌기단 및 줄기초, 단열재: 천장단열 및 외단열 보강, 외부마감재: 기존벽체 위 퍼티 정리 후 단열페인트 마감, 창호재: 이중 복층유리, 에너지원: 전기보일러, 조경석: 현장

인테리어 정보

내부마감재: 벽·천장-퍼티 후 도장마감/바닥-목재, 욕실 및 주방 타일: 빈티지, 수전 등 욕실기기: 대림바스, 주방가구: 제작, 조명: 유럽빈티지+LED 무선 스위치 조명, 문: 제작

않는 곳에서 묵묵히 제 자리를 지켜온 시간의 위엄을 배운다.

전통 한옥의 가장 큰 약점은 추위다. 집주인은 심미적 아름다움보다 안락함을 최우선으로 두었다. 보통의 두 배에 달하는 두꺼운 단열재를 천장과 벽면에 꼼꼼히 채워 넣었다. 그 결과 100년 된 흙집은 한여름에도 땀이 마를 만큼 서늘하고, 한겨울에도 온기를 잃지 않는 현대적인 휴식처가 되었다.

버려진 폐가와 폐자재의 재탄생
누가 쓸모없음을 규정하는가?

집은 감상의 대상이기 이전에 삶의 터전이어야 한다. 아무리 예쁘고 보기에 좋아도 살기에 불편하면 집으로서 가치를 의심해 보아야 한다. 전문가의 손길 없이는 불가능해 보이는 것들도 오로지 혼자 고쳐서 새롭게 재탄생한 이 집은 그야말로 실용과 정성, 아름다움과 집으로서의 가치를 모두 가지고 있다. 그야말로 대단한 성취다.

하동의 이 작은 시골집을 방문하고 돌아오는 길에, 스스로에게 질문해보았다.

"나는 과연 낡고 허름한 것들을 어떤 시선으로 바라보고 있을까?”

집주인은 폐자재를 활용해 침대 헤드를 만들고, 아무도 돌아보지 않던 폐가에서 100년 된 나무에 숨결을 불어넣었다. 소금기가 기둥을 지켰듯, 집주인의 애정은 이 공간에 새로운 생명력을 불어넣었다.

시골집 리모델링은 과거를 지우는 작업이 아니라, 과거 위에 현재의 필요를 덧칠하는 공존의 예술이다. 100년 된 서까래 아래서 시원한 에어컨 바람을 쐬며 잠드는 밤, 진정한 아름다움은 새로움에 있는 것이 아니라 잊혔던 가치를 다시 발견하고 매만지는 손길에 있다는 것을 배운다.

"세 자녀가 뛰어놀 수 있는
마당 있는 집을 늘 꿈꿔왔어요."

사랑하는 사람들과
소중한 시간을 함께 보내기 위해
우리는 열심히 살아가는 것 아닐까요?

시골 낭만을
현대적으로 해석하다

할아버지가 남긴 풍경
손자가 빚은 시간

겨울 눈이 소복이 쌓여 낭만적인 정취를 자아내는 늦은 오후, 지는 해와 함께 마을의 입구로 들어섰다. 한때 녹이 슬어 낡은 소리와 함께 여닫았을 오래된 철문이 샛노란 옷을 입고 마을에 활기를 넣고 있었다.

마을 중턱에 다다랐을 무렵, 지대가 높아 앞집의 지붕이 환히 내려다보이는 위치에 한때 오래된 한옥이었다고는 상상할 수도 없는 시골집이 모습을 드러냈다. 동그란 조명이 하얀 눈과 함께 어우러져 마치 동화 속 같은 첫인상을 주었다.

이 시골집의 가장 놀라운 점은 손자가 직접 설계부터 시공까지 도맡았다는 사실이다. 이 집은 한때 그의 할아버지와 할머니가 자녀들을 키우며 일평생을 살았던 낡은 집이었다. 조부모님 내외가 세상을 떠난 뒤에는 창고처럼 쓰이며 방치되어 있었다. 금방이라도 쓰러질 것 같던 시골집에, 건축 설계사로 일했던 손자가 새로운 이야기를 쓰기로 결심한 것이다.

창고로 방치되어 쓰이던 시골집의 상태는 한마디로 처참했다. 한옥집이 아닌 낡은 목조 가옥에 가까웠다. 출입문은 허리를 굽혀야 들어갈 수 있을 만큼 낮았고, 창고로 쓰이던 공간은 바람을 막기 위해 비닐로 대충 막아둔 부분도 있었다. 일반인이 보기에는 선뜻 매입할 엄두조차 나지 않을 정도로 처량했다.

하지만 손자에게는 추억이 깃든 공간을 살려야 한다는 마음이 더 컸다. 이 집에는 어릴 적 특별한 기억들이 쌓여 있기 때문이다.

"어릴 때 절대 잊히지 않는 기억이 있어요. 마루에 앉아 있으면, 할아버지가 월출산을 가리키면서 동네 이야기며 옛날이야기며 해주셨어요. 그 기억이 참 잊히지 않아요."

사람은 떠나도 장소는 남기를 바라는 마음이 애틋했다. 집마당에서 마을을 내려다보면, '높고 멀리 바라보며 살아가라'는 할아버지의 말씀이 나지막이 들리는 것만 같았다. 높은 지대에서 내려다보이는 마을 지붕 풍경과 희미하게 보이는 월출산을 바라보는 것은 이 집에서만 누릴 수 있는 특별한 호사였다. 그 호사를 할아버지는 손자에게 누리게 해주고 싶었을 것이다.

"제 아들에게도 산을 보여주면서 이야기를 들려주고 싶은데, 이제는 미세먼지 때문에 잘 보이지 않네요."

옛 추억을 떠올리며 손자는 아스라이 웃어 보였다.

높게 바라보고
낮게 살피는 법을 배우다

손자는 건축 설계 경력이 10년 이상 있었으나 시공 경험은 전무했다. 설계는 직접하더라도 시공은 전문가에게 맡길 수도 있겠지만, 자신도 그 과정에 적극적으로 참여해보기로 했다. 귀동냥이 분명 빛을 발할 것이라 믿었기 때문이다.

이틀 만에 도면을 완성하고 3D 모델링까지 마쳤다. 의기양양하게 완성한 3D 모델을 들고 목수들을 찾아다녔지만, 집의 상태가 너무 심각했기에 선뜻 나서는 팀이 없었다. 결국 여러 미팅 끝에 마음이 맞는 한 팀과 철거부터 목작업까지 함께하게 되었다. 시공 경험이 없는 그는 밤낮없이 공법을 공부하고 영상을 찾아보며 지식을 쌓았다.

망설임 없이 대범하게 추진했지만 그도 덜컥 겁이 나는 순간이 있었다.

"혼자서 집을 철거하면 큰일이 날 것 같더라고요. 잘못 건드리면 폭삭 주저앉아 무너질 것 같았거든요."

무너지기 직전의 집이라 철거는 한옥 경험이 있는 목수들과 함께 진행했다. 보강 작업을 거친 후 바닥 높이, 천정고, 콘센트 위치 등 세심한 계획이 도면에 반영되었다. 이 과정에서 공사 인부들과의 협의와 원활한 관계 유지의 중요성도 절감했다. 햇볕 뜨거운 한여름 공사 중에 이미 설치한 자재의 위치를 바꾸자고 요구하는 일은 다툼을 유발할 수 있기 때문이다.

리모델링의 핵심은 해체와 통합이었다. 캄캄한 식품 저장고였던 광을 허물어 거실로 만들고, 외부로 노출되어 있던 마루를 실내로 끌어들여 타일을 깔았다. 벽을 세워 방을 나누기보다 서까래가 시원하게 드러나도록 해 넓은 여백을 누릴 수 있도록 했다. 과감한 선택 덕분에 이 집은 실평수 25평으로 보이지 않는다. 탁 트인 개방감은 아파트 25평에서는 절대 누릴 수 없는 공간감이다.

그 옛날, 할머니는 방바닥에 앉아 낮은 자리에서 바깥을 살피고 여러 생각을 하셨을 것이다. 새롭게 단장한 시골집 한편에는 바닥 근처에 낮게 낸 창문이 있는데, 그 창은 꼭 낮은 자리에서 배우는 지혜를 전하는 것만 같다. 발아래로 드러나는 바깥 풍경을

[BEFORE] 아무도 살 엄두는 내지 못하고 창고로만 썼던 시골집의 상태는 한마디로 처량했다.

[BEFORE] 조부모님이 돌아가시고 집 내부는 아무렇게나 방치되어 있었다.

[AFTER] 폐가를 부수고 새로 지은 게 아니라, 고쳐서 재탄생시킨 시골집이라는 사실을 알면 사람들은 깜짝 놀라고는 한다.

[AFTER] 서까래를 드러내 멋을 내면서도 현대적인 감각을 덧입혔다.

보며 시야를 새롭게 하는 경험은 낮은 시선으로 세상을 보는 법을
가르쳐주는 듯하다.

아무리 위치를 옮겨도
선조의 지혜를 따라갈 수 없다

시골 한옥을 다니다 보면 자연과 공존하는 삶을 살고자 했던
선조들의 지혜가 한옥에 응축되어 있다는 사실을 온몸으로 깨닫
는다. 사계절이 뚜렷한 기후를 이겨낼 수 있는 온돌과 대청마루에
앉으면 겨울에는 온몸이 뜨끈해지고 여름에는 마음까지 시원해진
다. 온돌은 단순히 바닥을 데우는 용도가 아니라 공기를 순환시켜
신체를 따뜻하게 유지하면서도 실내 공기는 탁해지지 않게 한다.
바닥을 지면에서 띄워 바람이 아래로 통하게 함으로써 습기를 막
고 여름철 체감온도도 낮춰주는 대청마루는 집을 밀폐된 공간이
아닌 외부와 소통하며 숨을 쉬도록 이끈다.
“출입문 위치를 아무리 옮겨보려고 해도 선조들의 지혜를 따
라갈 수가 없더라고요.”
이 집의 주인도 선조의 지혜를 현대적으로 해석하기 위해 애
를 썼지만, 도무지 따라갈 수 없는 것들이 있었다. 바로 공기의 순

환이었다.

새롭게 설계한 동선을 고려해 기존 출입문을 막고 다른 곳에 만들어보려고 해도, 선조들이 정한 그 자리가 가장 좋은 방향이었다. 기존의 것이 최선인 경우, 어설프게 바꾸기보다 기존을 활용하여 장점을 강화하는 편이 좋다. 이 집의 주인 또한 그 편을 택했다. 출입문의 위치는 원래대로 두고, 앞뒤 문을 열었을 때도 공기가 마루까지 통하도록 연결하여 환기를 용이하게 하고자 했던 지혜를 현대적으로 계승했다.

설계와 시공을 스스로 진행하고 시골집을 구매하는 비용이 따로 들지 않았던 덕분에, 집을 고치는 데 더 비용을 들일 수 있었다. 시골집 전체를 바꾸는 데 총 1억 원 초반의 비용이 들었다. 당초 예상했던 8,000만 원을 초과했지만 그래도 스스로 할 수 있는 부분을 직접 하였던 덕분에 크게 절약한 셈이다.

"폐가를 부수고 새로 지은 게 아니라, 고친 거라고요?"

시골 폐가가 이 정도로 멋지게 새로이 단장되었다는 것을 알면 사람들은 놀란다. 감각 있는 설계와 내부 인테리어, 가구 배치까지 무엇 하나 어긋나지 않고 조화로운 것이 관건이다.

폐가의 놀라운 변신에는 10년 넘는 설계 경험이 있는 손자의 역할도 컸지만 미술 계통에 종사하는 그의 아내 역할도 컸다. 아내의 도움을 받아 색감과 감각을 조화롭게 입힐 수 있었다. 건축설계사의 실용성과 예술가의 감각이 조화된 집인 것이다.

　이 집은 단순히 낡은 건물을 고친 것을 넘어, 한 건축 설계설계사의 재능과 가족에 대한 애정이 빚어낸 걸작이었다. 자칫하면 무너질 것 같던 낡은 시골집은 이제 쾌적함과 옛 추억의 따스함이 공존하는 아름다운 별장이 되었다. 약 1억 원 초반의 예산으로 이룬 이 놀라운 변화는 오래된 시골집도 얼마든지 현대적인 감각이 가득한 별장처럼 재탄생할 수 있다는 가능성을 보여준다.

1. 골조만 남기고 철거했다. 겉모습은 허름했지만 뼈대는 탄탄했기에 가능했다.

2. 기둥을 새로 만들어 부족한 지지대를 보강했다.

3. 단열에 철저하게 공을 들였다. 내부에서는 난방 공사 중이다.

4. 색감부터 자재까지 미술을 전공한 아내의 미감이 곳곳에 담겨 있다.

건축 정보

대지위치: 전남 나주시 반남면, 대지면적: 959㎡, 건물규모: 지상 1층, 2동, 건축면적: 106.33㎡ (32.16평), 연면적: 106.33㎡(32.16평), 건폐율: 11.09%, 용적률: 11.09%, 주차대수: 2대, 구조: 일반목구조, 철근콘크리트 기초, 단열재: THK100 압출법단열재1호·THK10 열반사계단열재·외부마감재: 유럽미장, 창호재: 남선알미늄창호·THK24 AR페어유리, 에너지원: LPG가스, 조경석: 기존 구들장 돌깔기·화강석 쇄석깔기·THK30 현무암판석깔기(600x300), 시공: 정지웅, 설계: 정지웅

인테리어 정보

내부마감재: 벽-유럽미장·천장-서까래 노출, 벤자민무어 에그쉘 마감·바닥-스페니쉬 타일 (600x600), 욕실 및 주방 타일: 스페니쉬타일 (600x600), 수전 등 욕실기기: 아메리칸스텐다드

모두가 외면한 거대 폐가를
복합문화공간으로

외지인이기에
가질 수 있는 남다른 시선

나주에 오래 살면서도 이런 공간이 있는 줄 몰랐다. 그도 그럴 것이 이곳은 나주 구도심 구석진 곳에 있다.

그러나 한 번 가보면 잊지 못한다. 마치 작은 터널을 지나면 거대한 공간이 나타나듯 이곳이 꼭 그렇다. 좁은 골목을 굽이굽이 가다 보면 어느 사이엔가 엄청나게 큰 공간이 시원하게 '뻥' 하고 모습을 드러낸다. 한옥과 일본식, 서양식 가옥이 잘 섞인 건물을 푸르른 숲이 둘러싸고 있고, 커다란 마당이 공간을 더욱 돋보이게 한다.

우리가 처음 방문했을 때만 해도 사람들이 이곳을 잘 모르고 있다고 생각했다. 공간을 둘러보며 '뭔가 하려고 하시는 분 같은데 홍보가 잘 안 되고 있는 것 같다'는 생각도 들었다. 그래서 한번 연락이라도 드려보자는 마음으로 전화를 걸었다. 사장님은 전화를 받자마자 반가운 목소리로 맞았다.

"나주 청년들이 좋은 일 하시네요. 너무 잘 되었어요. 언제든지 와서 이야기 나눠봐요."

만나서 이야기를 듣다 보니, 더욱 이 공간에 빠져들게 되었다.

주인 부부는 이 집을 알기 전까지만 해도 나주와 전혀 인연이 없는 사람들이었다. 전주에서 사업을 하며 살아왔는데 우연한 계기로 오래된 한옥 부지를 소개받았다. 그런데 첫눈에 바로 남다른 존재감을 느꼈다.

"어딘가 특별하다, 이건 뭘까? 한번 알아봐야겠다."

남다른 시선과 생각은 외지에서 왔기 때문에 가능하다. 사실 우리도 버스를 타고 오고 가며 폐가였던 그 집을 오래도록 봐왔다. 그러나 우리 눈에는 그저 귀신이 나올 것같이 을씨년스러운 빈집이었다. 그곳을 알고 있는 지역 사람들 대부분이 그러한 시선으로 폐가를 바라봐왔다. 하지만 다른 지역에서 온 주인 부부에게는 이 집이 전혀 다른 가치로 다가갔다.

모두가 '귀신 나올 것 같다'고 했던
집의 놀라운 변신

시골 빈집 리모델링 현장에 많이 가보면 다들 뼈대만 남기고 허물어 고친다. 그러면 그 동네 어르신들과 지역 주민들이 한마디씩 하고는 한다.

"다 밀고 새로 짓지 왜 그걸 다시 수리를 하고 있어? 돈 아깝게."

그러나 허물어져가는 폐가나 다름없는 시골집을 구매하는 분들은 대체로 그 집의 가치를 보고 선택한다. 그러므로 아무리 폐가라도 허물어 없애기보다는, 집이 가진 가치를 보존하고 존중하면서도 새롭게 탄생시키기를 원한다. 그러한 결정은 대부분 좋은 결과로 이어지고는 한다.

'옳은 결정은 없다. 그 결정을 옳게 만드는 것이다'라는 말이 있듯이, 집을 고치는 과정에서 설사 실수와 어려움이 있다고 하더라도 처음 선택했던 곧은 심지가 옳은 방향으로 인도하는 것이다.

주인 부부가 선택한 집과 주변은 정말이지 정돈이 안 된 심란한 공간이었다. 나주 향교 옆에 붙어 있어서 문화재 보호지구에 속한 덕에 잘 보존되어 있는 자산이었으나, 오래되어 손보아야 할 곳이 한두 군데가 아니었다.

그런데도 주인 부부는 꿈을 품었다. 워낙에 크고 넓은 땅이라

주인 가족만 들어가 살겠다는 마음이었다면 시작하지 않았을 것이다. 그러나 부부에게는 그보다 더 큰 꿈이 있었다. 부부는 이 공간을 복원해서 복합문화공간으로 만들어서 문화 사업을 해보고 싶었다.

주인 부부는 웃으며 말했다.

"5년 전에 객기가 있어서 가능했던 일이에요."

"지금 하라고 그러면 못 할 것 같아요."

아무렴, 시골집을 고쳐서 산다는 건 쉬운 일이 아니다. 크고 작은 손길이 수도 없이 가닿아야 집은 비로소 마음속에 그리던 모습을 조금씩 갖추어간다. 그리고 그 일은 얼마간의 고생으로 끝나지 않는다. 계속해서 가꾸고 다듬어야 하는 것이 시골집인 것이다.

그래도 부부에게는 믿을 구석이 조금은 있었다. 전주에서 사업을 해왔기 때문에 문화 도시가 어떻게 성장해나가는지 많이 봐왔다. 가까이서 봐온 일을 직접 복원하고 수리하기란 보기보다 훨씬 더 힘들었지만, 그래도 포기하지 않고 주변을 둘러싼 한옥들을 추가로 계속 매수하며 공간을 넓혀갔다.

처음에는 한옥 한 채를 매입했지만, 주변의 부속건물들과 폐가들도 더 비싸게 주고 매입을 해서 공간을 합쳤다. 7개의 폐가를 3년에 걸쳐서 복원하여 복합문화공간으로 재탄생시켰고, 그 노력을 인정받아 전라남도 우수건축자산 1호로 선정되기도 했다.

[BEFORE] 4,000평 부지 중 맨 처음 매입했던 목서원의 복원 전 모습.

[AFTER] 복원 후 목서원의 모습. 원형의 가치를 살리기 위해 노력했다.

처음부터 거창한 프로젝트를 갖고 했던 일은 아니었다. 담을 없애고 공간의 쓰임새를 입히고 하다 보니 서서히 이루어진 결과 였다.

돈이 없었던 덕분에
배울 점이 많았다

"목적은 딱 한 가지였어요. 원형 그대로를 훼손하지 말자."

주인 부부는 외관적으로 봤을 때도, 역사적으로도, 건축학적 으로도 모든 면에서 훌륭한 건축물을 훼손하고 싶지 않았다.

그리고 그 과정에서 발품을 많이도 팔았다. 돈이 없었기 때문 에 어쩔 수 없이 한 선택이기도 했다. 집을 매입하고 났더니 여윳 돈이 없었다. 여유가 있었으면 아마 인테리어 업체에 맡겨 손쉬울 수도 있었겠지만 그럴 수가 없었다. 시행착오를 많이 겪으며 여기 까지 왔다. 많이 배웠고, 덕분에 이제는 어떤 공간을 보든 전문가 적 시각으로 보는 눈도 키웠다.

처음에는 외지인이라는 인식 때문에 쉽지 않았다. 전주에서 온 투기꾼이라는 이미지가 온 동네에 퍼져 있었다. 그랬던 인식들 이 지금은 나주에서 폐허가 된 공간을 멋지게 복원을 해서 참 좋다는 피드백을 받는다. '이곳에 와보기 위해 나주에 꼭 가보고 싶었다'라는 이야기를 들었을 때 돈으로 살 수 없는 보람이 정말 크다. 아직도 갈 길이 멀지만, 격려와 칭찬을 들을 때면 나주 사람이 된 듯한 느낌이 든다는 말도 주인 부부는 덧붙였다.

'시골에서 살고 싶다'라는 꿈을 가진 분들은 생각하고는 한다.

"마당 조금 있는 공간에 작게 농사 지으며 살면 얼마나 좋을까?"

그러나 그런 생각을 하기에는, 이 공간은 마당만 4,000평으로 너무 넓다. 그래서 공간의 발전은 지금도 계속 진행 중이라고 한다. 복합문화공간으로서 끊임없이 새로운 모습을 선보이고 싶다는 바람이 있기 때문에 쉬지를 못한다는 주인 부부의 말에서 지역의 활력이 보이는 것만 같았다.

**외부 사람은
지역에 불쏘시개 역할을 한다**

예전만 해도 마중이 있던 동네는, 다른 지역에서 온 사람들이 나주 명물인 나주곰탕을 먹고 바로 지나쳐가는 곳이었다. 그러나 마중이 생기면서부터는 외부 사람들이 일부러 그 골목을 찾아가

[BEFORE] 목서원.

[BEFORE] 시서헌.

[AFTER] 목서원.

[AFTER] 시서헌.

거나 차 타고 이동하면서 많이 찾게 되었다.

그러면서 시에서도 골목에 관심을 가질 만큼 지역에 활기가 돌았다. 잘 가꾼 공간 하나가 지역의 가능성을 어떻게 살릴 수 있는지 보여준다.

외지인들이 오래된 동네에 유입되면 불쏘시개 역할을 한다. 지역 주민들은 동네를 떠나려는 마음이 강한데 다른 지역에서 와서 정착하신 분들은 동네가 가진 바로 그 분위기가 좋아서 온 사람이다 보니, 가치를 알아보고 무언가 해보려고 한다.

그럴 때 주변에서 안 좋은 소리를 듣기 십상이다.

"어차피 해봤자 안 돼!"

"그거 해서 뭐 할래?"

지역 주민들은 본인이 계속 살아왔던 곳이니까 가치가 잘 보이지 않는다. 그럼에도 불구하고 변화를 시켜놓으면 지역 주민들에게도 그제야 달리 보이기 시작한다.

"어쩌면 괜찮을지도."

외부의 물결은 그렇게 변화의 구심점이 된다. 그러다 보면 지역 청년들도 외지인들이 하는 것을 보고 변화를 시도하려 한다. 늘 보던 익숙한 풍경을 새롭게 보고 기꺼이 바꾸어보겠다 실행하는 한 사람의 힘이 다른 많은 사람들의 마음을 움직이고 공간을 새롭게 변화시킨다.

외지인들이 오래된 동네에 유입되면
불쏘시개 역할을 한다.

익숙한 풍경을 새롭게 보고
바꾸어보려 실행하는 한 사람의 힘이
다른 많은 사람들의 마음을 움직이고
마을과 공간을 새롭게 변화시킨다.

나는 시골에서
재미있게 살기로 했다

초판 1쇄 발행 2026년 5월 7일
지은이 김현우, 정태준

펴낸이 봉선미
마케팅 이혜영
디자인 형태와내용사이
용지 세종페이퍼 **제작** 한영문화사
펴낸곳 리더스 그라운드
출판등록 2023년 6월 20일 제2023-000114호
이메일 partner@readers-ground.com

ISBN 979-11-998547-0-3 (03190)